Sepp Brandl

Rund um den Hochkönig und Steinernes Meer

mit Tennengebirge, Salzburger Schieferalpen, Loferer und Leoganger Steinbergen

Mit 73 Farbfotos, 51 Freytag & Berndt-Wanderkärtchen im Maßstab 1: 50 000 sowie zwei Übersichtskarten im Maßstab 1: 250 000 und 1: 600 000

BERGVERLAG RUDOLF ROTHER GMBH · MÜNCHEN

Umschlagbild:
Blick vom Tennengebirge auf den Hochkönigstock

Bild gegenüber dem Titel (Seite 2):
Beim Ronachgut mit Blick auf den Hochkönig

Sämtliche Fotos von Sepp Brandl

Kartographie:
Wanderkärtchen im Maßstab 1: 50 000 und Übersichtskärtchen im Maßstab 1: 250 000 und 1: 600 000 © Freytag & Berndt, Wien

2. Auflage 1999

ISBN 3-7633-4015-7

Bergverlag Rother · Haidgraben 3 · D-85521 Ottobrunn
Tel. (089) 608669-0 · Fax (089) 60866969
Internet www.rother.de · **E-mail** leserzuschrift@rother.de

Vorwort

Der Hochkönig, mit 2941 m höchster Gipfel der Berchtesgadener Alpen, hat zwei grundverschiedene Gesichter: ein zahmes von Norden und – wie es eben zu einem König paßt – ein mächtiges, respekterheischendes von Süden. Hier, über dem Pongau und Pinzgau, stellt sich der »König« mit prallen, abweisenden Kalkmauern auf, als wolle er dem Menschen Unnahbarkeit suggerieren. Man lasse sich davon nicht abschrecken! Auch hier hat er schwache Seiten, über die er von Hirten und Jägern schon früh bestiegen wurde.

Das Alpenreich des hohen Bergkönigs ist ein Lebensraum von erlesener Schönheit, es schließt sich in jeder Hinsicht nahtlos an die berühmten Fremdenverkehrsgebiete um Berchtesgaden und Bad Reichenhall im Norden des Gebirgsstockes an. Mit den »Salzburger Kalkhochalpen« wurde und wird rund um den Hochkönig ein Landschafts- und Naturschutzgebiet geschaffen, das ein Pendant zum Berchtesgadener Nationalpark ist, mit ihm aber zugleich eine geographische und ökologische Einheit bildet. Adler und Steinbock, einst ausgerottet, haben hier wieder ihren Platz gefunden. Dies und einiges mehr stimmt zuversichtlich.

Zum Wandergebiet »Hochkönig und Steinernes Meer« gehört auch noch ein Teil der benachbarten Steinberge von Lofer und Leogang, der Süden des Tennengebirges um die Eisriesenwelt und – als Kontrast zum Felsengebirge – die Wald- und Wiesenkuppen der Dientner Berge (Salzburger Schieferalpen).

Wie zwei Arme greifen Salzach und Saalach mit ihren Tälern um das Wandergebiet herum, und der uralte Saumweg vom Pongau über den Dientner- und Filzensattel in den Pinzgau verbindet nicht nur zwei Salzburger Landschaften, sondern auch die beiden Flüsse. Beiderseits der Gewässer und der an ihren Ufern angelegten Hauptverkehrswege erstreckt sich hufeisenförmig das Tourengebiet »Hochkönig und Steinernes Meer« mit den bekannten Fremdenverkehrsorten Werfen, Bischofshofen, St. Johann, Mühlbach, Maria Alm, Saalfelden und Lofer. Mit ihrer imposanten Felskulisse sind viele dieser Orte auf Ansichtskarten und Kalenderblättern zu bewundern. Diese Motive zählen zu den klassischen Bildern unserer Alpen.

Wer den landschaftlichen Reiz und die Gastfreundschaft im Reich des hohen Bergkönigs erfahren will, dem soll dieses Büchlein Wegweiser und Anregung sein. Möge es dem Benützer dieselbe Freude schenken, wie sie der Autor auf seinen Touren in den Salzburger Kalkhochalpen und den angrenzenden Berggruppen seit drei Jahrzehnten erfahren darf.

Niederndorf, im Sommer 1999 — Sepp Brandl

Inhaltsverzeichnis

Touristische Hinweise

Zum Gebrauch des Führers

Das Inhaltsverzeichnis informiert über den Aufbau des Buches und gibt einen Überblick über die in vier Tourengebiete untergliederten Wandervorschläge. In jedem einzelnen Tourenvorschlag erhält der Leser alle Informationen, die für die Durchführung der Tour wichtig sind. Eine genaue Charakteristik und Routenbeschreibung der Wanderwege, die durch eine Karte im Maßstab 1: 50 000 mit eingezeichnetem Routenverlauf ergänzt wird, macht weiteres Karten- und Informationsmaterial überflüssig. Da aber die bei vielen Wanderungen angebotenen Varianten und die Rundtouren in den Kärtchen oft nur unvollständig enthalten sind, werden die Wanderkarten 101 »Lofer, Leogang, Steinberge«, 103 »Pongau, Hochkönig, Saalfelden«, 392 «Tennengebirge, Lammertal, Gosaukamm« von Freytag & Berndt zur Ergänzung empfohlen.
Um unnötige Wiederholungen zu vermeiden, aber auch um ein Angebot für Schlechtwettertage vorzufinden, werden die Talorte und Ausflugsziele in alphabetischer Reihenfolge auf den Seiten 12–17 vorgestellt. Das Stichwortverzeichnis am Ende des Führers soll als Nachschlagehilfe dienen; es beinhaltet alle wichtigen geographischen Punkte der einzelnen Wanderungen. Auf den Seiten 18/19 und auf der letzten Umschlagseite geben Übersichtskärtchen die Lage der 50 Wandervorschläge dieses Führers wieder und erleichtern die Orientierung bei der Anfahrt.

Anforderungen

Die meisten Wanderungen verlaufen auf gut instand gehaltenen Wegen und Steigen. Dies sollte jedoch nicht darüber hinwegtäuschen, daß manche Stellen Trittsicherheit und Schwindelfreiheit erfordern. Außerdem ist zu beachten, daß die Touren im Frühsommer und nach längerer Schlechtwetterperiode erhöhte Schwierigkeiten aufweisen können. Um die jeweiligen Anforderungen besser einschätzen und vergleichen zu können, wurden die Nummern der einzelnen Tourenvorschläge mit verschiedenen Farben markiert. Es sei darauf hingewiesen, daß die Übergänge zwischen den einzelnen Schwierigkeiten bzw. Farben fließend sind und daß eine eindeutige Zuordnung nicht immer möglich ist; sie beziehen sich bei einigen Wanderungen außerdem nur auf ein Teilziel. Die Farben geben zudem keine Auskunft über die physischen, sondern nur über die technischen Schwierigkeiten einer Tour; sie erklären sich wie folgt:

BLAU

Der Weg ist gut und lückenlos markiert, ausreichend breit und meist nur mäßig steil, daher auch bei Schlechtwetter relativ gefahrlos zu begehen. Diese Wege können auch von Kindern und älteren Leuten unter normalen Bedingungen ohne große Gefahr bewältigt werden.

ROT

Diese Steige sind ausreichend markiert, überwiegend aber schmal und über kurze Abschnitte bereits etwas ausgesetzt. Kurze Strecken dieser Steige können mit Drahtseilen abgesichert sein; sie sollten nur von trittsicheren, mit entsprechender Ausrüstung ausgestatteten Bergwanderern begangen werden.

SCHWARZ

Diese Steige sind ebenfalls ausreichend markiert, aber schmal und über weite Abschnitte steil angelegt. Stellenweise können sie sehr ausgesetzt sein, manchmal wird die Zuhilfenahme der Hände notwendig. Dies bedeutet, daß diese Wege nur von schwindelfreien, absolut trittsicheren, konditionsstarken und alpin erfahrenen Wanderern angegangen werden sollten.

Gefahren

Obwohl die meisten Wanderungen dieses Führers Wegen oder Straßen folgen und die Routen im Jahr der Drucklegung gut markiert waren, ist an einigen abrutschgefährdeten Stellen, bei Querung von Steilhängen oder hartgefrorenen Altschneefeldern sowie im steinschlaggefährdeten Gelände erhöhte Vorsicht am Platze.Verschlechtert sich das Wetter auf einer Tour deutlich, so ist Mut zur Umkehr erforderlich. Bei unzureichendem Trainingszustand sollte man sich auch mit einem Teilziel zufriedengeben.

Rastpause gegenüber dem Steinernen Meer

Ausrüstung
Festes Schuhwerk, eine der Witterung angepaßte, bequeme Kleidung, Rucksack mit Pullover, Mütze, Anorak, Regen- und Sonnenschutz, Proviant und reichlich Flüssigkeit (kein Alkohol!) sowie Verbandszeug werden zur Mitnahme empfohlen.

Gehzeiten
Die zu den einzelnen Teilstrecken angegebenen Gehzeiten sind reichlich bemessen, sie liegen unter 400 Höhenmeter pro Stunde, beinhalten aber nicht die erforderlichen Rastpausen.

Einkehrmöglichkeiten
Die auf den Touren gelegenen Gasthäuser, Jausenstationen, bewirtschafteten Almen sowie die Schutzhütten alpiner Vereine werden unter Angabe der Betten- und Lagerzahl sowie der Öffnungszeiten und Telefonnummern im Beschreibungskopf jeder Tour gesondert aufgeführt.

Verkehrswege und Verkehrsmittel
Ins Wandergebiet um den Hochkönig führt von München und Salzburg entlang der Salzach und Saalach ein gut ausgebautes Schienen- und Straßennetz. Wer auf öffentliche Verkehrsmittel angewiesen ist, hat durch zwei wichtige Bahnlinien und zwölf staatliche sowie einige private Buslinien beachtliche Beweglichkeit. Die Fahrzeiten der bekannten Bundesbusse (BB), vom Bundesministerium für öffentliche Wirtschaft und Verkehr (Bun-

10 TIPS FÜR BERGWANDERER

- Mit Rücksicht auf die Umwelt in Gruppen oder mit öffentlichen Verkehrsmitteln anreisen.
- Platzsparend und rücksichtsvoll parken, ggf. um Erlaubnis bitten.
- Markierte Wege nicht verlassen, Gatter schließen, an Zäunen den Durchschlupf oder die »Hühnerleiter« benutzen. Keine Steine ablassen.
- Allen Abfall wieder ins Tal mitnehmen.
- Auf Alpenblumen und -tiere Rücksicht nehmen und sie schützen.
- Sonnseitige Touren frühzeitig beginnen und genügend Flüssigkeit mitnehmen (kein Alkohol!), kurze Rast nach 2 Stunden einlegen.
- Wettervorhersagen und aktuelle Wetterentwicklung beachten und ggf. rechtzeitig umkehren. Im ORF-TEXT erhält man ganztags die aktuellen Wetterwerte mit Wettervorhersage (Tafel 606 für Salzburg, 607 für Tirol, 611 Sechs-Tage-Prognose, 612 Bergwetter). Das ORF 2 und das Bayerische Fernsehen übertragen täglich am Morgen das »Wetterpanorama« bzw. »Panoramabilder« aus den Wandergebieten.
- Sich nicht überfordern, bei gleichmäßigem Tempo nicht an der Leistungsgrenze gehen. Skistöcke sind auch auf einer Wanderung, vor allem bergab, eine wertvolle Hilfe.
- Im Quartier das geplante Tourenziel angeben.
- Bergrettung in Österreich: Tel. 140.

Die Kirche auf dem Buchberg bei Bischofshofen, im Hintergrund das Hagengebirge

desbus-Geschäftsstelle, Biberstraße 5, A–1010 Wien) betrieben, sind in den Regionalfahrplänen S2 (Tennengau, Pongau, Lungau) und S3 (Pinzgau, Nationalpark Hohe Tauern) aufgeführt. Die Fahrpläne sind über die genannte Adresse erhältlich. Eine ausgezeichnete Einrichtung ist der von Mitte Juni bis Ende September zwischen Saalfelden – Dientner Sattel – Bischofshofen zu günstigen Tarifen verkehrende »Hochkönig-Wanderbus«.

Bergbahnen
Bei einigen Touren wurden Bergbahnen als »Aufstiegshilfen« vorgeschlagen. Die meisten verkehren nur in der Hauptsaison, etwa Juni mit September, manche auch noch an schönen Wochenenden bis Mitte Oktober. Aus aktuellem Anlaß ändern manche Bergbahnen kurzfristig ihre Betriebszeiten. Um sich erkundigen zu können, sind deren Telefonnummern angegeben.

Parkmöglichkeiten
Von Jahr zu Jahr wird die Parkplatzfrage zu einem größeren Problem. An manchen Ausgangspunkten kann nur auf Privatgrund geparkt werden, worauf bei den betreffenden Touren auch hingewiesen wird. Um niemanden zu behindern, sollte es in diesen Fällen selbstverständlich sein, um Parkerlaubnis zu bitten; man findet gewöhnlich sehr großes Entgegenkommen.

Abkürzungen:
AV = Alpenverein
B. = Betten
BB = Bundesbus
bew. = bewirtschaftet
L. = Lager
ÖTK = Österreichischer Touristenklub
TVN = Naturfreunde
Ww. = Wegweiser

Talorte von A – Z

Bischofshofen, 556 m
Marktgemeinde mit über 10 000 Einwohnern, Schnellzugstation der Tauernbahn, Tauernautobahn und Salzachtal-Bundesstraße, BB-Linien 3203 (Ortsverkehr), 3210 (Bischofshofen – Saalfelden, »Hochkönig-Wanderbus«), 3441 (Bischofshofen – Zell am See). Frauenkirche, kulturhistorisch bedeutsame Stätten am Götschenberg, Ruine Bachsfall über dem Gainfeld-Wasserfall, Kirche in Buchberg, Schwimmbad, Tennis, Minigolf, Reiten, Kinderspielplatz, Großschachanlage, Eisstock- und Asphaltbahnen, Naturrodelbahnen, Skilauf, berühmte Sprungschanze, Tauernradweg.

Dienten am Hochkönig, 1078 m
Dorf auf der Südseite des Hochkönigs mit über 1200jähriger Geschichte, Bundesstraße Bischofshofen – Mühlbach – Dienten – Saalfelden, BB-Haltestellen der Linien 3224 (Lend – Dienten), Hochkönig-Wanderbus von Bischofshofen nach Saalfelden. Schöne gotische Kirche in reizvoller Lage, alte Häuser im Ortskern mit sommerlichem Blumenschmuck, 100 km Wanderwege, Hochkönig-Skischaukel, Lift zum Gabühel mit Sommerbetrieb.

Goldegg, 823 m
Dorf am Ufer eines herrlichen Moorsees. Schloß Goldegg mit einmaligem Rittersaal und dem Pongauer Heimatmuseum, Goldeggweng.

Hintermoos, 1028 m
Ortsteil von Maria Alm. Bundessportschule, Schwarzeckalm-Lift mit Sommerbetrieb, Näheres unter Maria Alm!

Hinterthal, 1016 m
Dorf in prächtiger Lage zwischen Steinernem Meer und Hochkönig, Ortsteil von Maria Alm. Skilift, Näheres unter Maria Alm!

Leogang, 797 m
Dorf am Fuß der Leoganger Steinberge (Birnhorn) mit 3000 Einwohnern, weit verstreute Flächengemeinde, Bahnhof. Kulturdenkmal Samerhof und herrliche Barockkirche, Bergbaumuseum und Schaubergwerk Schwarzleo in Hütten, Asitz-Bergbahn mit Sommerbetrieb, alpiner und nordischer Skilauf.

Lofer, 626 m
Markt an der Saalach und am Fuß der Loferer Steinberge, Gabelung zweier Bundesstraßen, Haltestelle der BB-Linie 3062 Salzburg – Lofer – Saalfelden – Zell am See. Interessanter Ortskern und Kirche, Saalachschlucht, Kabinenbahn zur Lofereralm und Taxibus, geheiztes Freischwimmbad, Freizeitpark,

Goldegg mit Schloß und See

Rafting, Kajakschule, Tennis, Asphaltstockbahnen, Minigolf, Kneippanlage, alpiner und nordischer Skilauf, Eislauf und Eisstockbahnen, Rodelbahnen und Winterwanderwege.

Maria Alm am Steinernen Meer, 802 m

Dorf in prachtvoller Lage am Fuß des Steinernen Meeres mit 2000 Einwohnern, Hochkönig-Wanderbus von Saalfelden nach Bischofshofen. Ehemaliger Herrensitz und alter Wallfahrtsort mit großartiger Barockkirche, 70 km Wanderwege, alpiner und nordischer Skilauf, Moorbadesee (5 km entfernt), öffentlich zugängliches Hotel-Hallenbad, Tennis, Reiten, Minigolf, Fischen, Kegeln; Ortsteile Hinterthal und Hintermoos.

Mühlbach am Hochkönig, 854 m

Ehemaliger Bergwerksort, durch die Hochkönig-Bundesstraße an die Tauernbahn und Tauernautobahn angebunden, Ausfahrt Bischofshofen (10 km), Haltestelle der BB-Linie 3210 (Bischofshofen – Mühlbach). Bergbaumuseum und Schaustollen (Öffnungszeiten: Mai bis Okt. tägl. außer Mo. jeweils um 16 Uhr, Jan. bis April nur Mi. 14.30 Uhr, Tel. 06467/7401, Herr Haingartner), 60 km Wanderwege, Kabinenbahn zur Karbachalm mit Sommerbetrieb, Schwimmbad, Tennis, Minigolf, Schießen, Kegeln, Mountainbike, alpiner Skilauf, Hochkönig-Skischaukel.

Pfarrwerfen, 553 m
Erholungsort südlich von Werfen mit 2000 Einwohnern. Gotische Pfarrkirche, Naturdenkmal »Sieben Mühlen«, solarbeheiztes Freischwimmbad und andere Sportangebote, Näheres siehe unter Werfen!

Saalfelden am Steinernen Meer, 744 m
Marktgemeinde am Fuß des Steinernen Meeres mit 13 000 Einwohnern, drittgrößte Siedlung des Landes Salzburg, Wirtschafts-, Schul- und Kulturzentrum des Pinzgaus, größter Ort des Wandergebietes, Bundesstraßenverbindung zur Autobahn München – Salzburg über Lofer, Haltestelle verschiedener Bundesbuslinien: 3062 (Salzburg – Lofer – Saalfelden – Zell am See), 3400 (Saalfelden – Dienten), 3401 (Saalfelden – St. Johann in Tirol), Hochkönig-Wanderbus von Saalfelden über Maria Alm – Mühlbach nach Bischofshofen, Citybus Saalfelden. Pinzgauer Heimatmuseum im Schloß Ritzen, Ritzensee Moor-Strandbad und geheiztes Freischwimmbad, frühgeschichtliche Funde in der Umgebung (Jungsteinzeit, Bronzezeit, Römer), Einsiedelei seit 1664, Sommerrodelbahn am Biberg, Naturrodelbahn, Fitneßparcours, Reiten, Reithalle, Mountainbike, Golf (18 Loch), Minigolf, Squash, Kegeln, alpiner und nordischer Skilauf.

Schwarzach, 601 m
Erholungsort im Salzachtal, D-Zug-Station, Anbindung an die Tauernautobahn über die Salzachtal-Bundesstraße (10 km), Rafting, Tennis, Tauernradweg, Langlauf, Eislauf, Naturrodelbahn und Eisstockbahnen, Schloßkapelle Schernberg.

Werfen im Salzachtal mit Burg Hohenwerfen und Hochkönig

St. Johann im Pongau, 616 m
Marktgemeinde im Salzachtal mit 8000 Einwohnern und Bezirkshauptmannschaft, Schnellzugstation mit direkter Verbindung Nord–Süd und Ost–West, BB-Linien 3212 (St. Johann – Liechtensteinklamm), 3214 (St. Johann – Alpendorf – Großarl), 3218 (Ortsverkehr St. Johann), 3230 (St. Johann – Gasteiner Tal), 3441 (Zell am See – St. Johann – Bischofshofen), Anbindung an die Tauernautobahn (4 km) über die Salzachtal-Bundesstraße. Pongauer Dom als Wahrzeichen, Annakapelle, Liechtensteinklamm als großartiges Naturdenkmal, beheiztes Waldschwimmbad, öffentlich zugängliche Hotel-Hallenbäder, Kegelbahnen, Squash, Asphaltstockbahn, Drachenfliegen, Minigolf, Hahnbaumlift, Alpendorf mit Kabinenbahn, 80 km Wanderwege, Tauernradweg.

St. Martin bei Lofer, 634 m
Feriendorf im Saalachtal bei Lofer, Moorheilbad Hochmoos, Maria Kirchental, Weiteres siehe unter Lofer!

St. Veit im Pongau, 763 m
Erster heilklimatischer Kurort im Land Salzburg, auf der Pongauer Sonnenterrasse über dem Salzachtal. Großartiger Marktplatz und schöner romanischer Kirchenbau mit gotischer Ausstattung, beheiztes Schwimmbad, Moorfreibad, Reiten, Tennis, Minigolf, Golf in 4 km Entfernung.

Weißbach bei Lofer, 666 m
Dorf im Saalachtal zwischen den Steinbergen und dem Steinernen Meer, Seisenbergklamm, Lamprechtshöhle, Naturbadegebiet und Vorderkaserklamm, Tennis, Kegeln, Minigolf, Asphaltstockbahnen.

Werfen, 548 m
Markt im Salzachtal mit über 3000 Einwohnern, unmittelbare Lage an der Tauernbahn und Tauernautobahn sowie Salzachtal-Bundesstraße. Imposante Bergkulisse und Burg Hohenwerfen aus dem Jahr 1077 als Wahrzeichen, täglich Führungen und Greifvogelschau, Eisriesenwelt (größte erschlossene Eishöhle der Welt), kulturelles Zentrum der Region, Tennis, Minigolf, Schwimmen, Rafting, Campingplatz; Ortsteil Tenneck.

Werfenweng, 901 m
Dorf auf einer Sonnenterrasse am Fuß des Tennengebirges, Anbindung an Tauernbahn, Tauernautobahn und Salzachtal-Bundesstraße bei Werfen. Lift- und Bäderzubringerbus von Bischofshofen und Werfen, 100 km Wanderwege und Lehrpfade, Sessellift in Zaglau mit Sommerbetrieb, Tennisplätze und geheiztes Freischwimmbad, Hotel-Hallenbäder, Kinderspielplatz, Drachenfliegen und Paragliding, Mountainbike, alpiner und nordischer Skilauf.

Ausflugsziele von A – Z

Badgastein, weltberühmter Kurort, Radon-Thermalwasser (45–51 Grad C), Felsenbad, Thermal-Freischwimm- und Hallenbäder, Thermal-Heilstollen.

Bad Reichenhall, »Bayerisches Meran« mit Sole-Heilquellen im Staatsbad, Saline mit Hauptbrunnhaus, Gradierhaus und Kurpark, Florianviertel, Rathausplatz, St. Nikolauskirche, Münster St. Zeno, Heimatmuseum im ehemaligen Getreidestadel u.a.

Berchtesgaden, Zentrum des Berchtesgadener Landes, ehemaliges Chorherrnstift, Stiftskirche St. Peter und Johannes, Salzbergwerk, Heimatmuseum und berühmtes Bauerntheater, Königssee.

Chiemsee, Herreninsel mit Prunkschloß König Ludwig II. von Bayern und Fraueninsel mit altem Kloster und interessanten Häusern.

Großglockner-Hochalpenstraße, Mautstraße zur Edelweißspitze, zum Fuschertörl und Hochtor sowie zur Franz-Josefs-Höhe, geöffnet etwa ab 10. Mai bis zum Beginn des Bergwinters.

Großgmain bei Salzburg, Salzburger Freilichtmuseum, gegliedert nach den einzelnen Gauen des Landes. Gezeigt werden typische Gebäude und Geräte, Brauchtum und Lebensgewohnheiten sowie Familiengeschichte aus dem Leben der Bauern und Handwerker. Es gibt Ausstellungen und Vorführungen zu diversen Themen, Volksmusikveranstaltungen und Brauchtumspflege. Geöffnet von Ostern bis Allerheiligen täglich außer Montag zwischen 9 und 18 Uhr.

Hallein, Keltenmuseum, einmalige Sammlung von Funden aus der Zeit zwischen 1200 und 800 v. Chr., Salzbergwerk (geöffnet Mai mit Sept., Führungen über 1½ Std. tägl. zwischen 8 und 18 Uhr), Keltengehöft am Dürrnberg (Freilichtschau), Kelten-Lehrpfad; barocke Wallfahrtskirche in Dürrnberg.

Kaprun, diverse Aufstiegshilfen zu den riesigen Speicherseen des Wasserfall- und Mooserbodens.

Krimmler Wasserfälle, in Krimml (Oberpinzgau),dreistufiger Wasserfall über 400 m, größter Wasserfall Mitteleuropas.

Roßbrand-Höhenstraße bei Radstadt mit prächtiger Aussicht auf den Dachstein.

Das Saalachtal bei St. Martin mit dem Grubhörndl im Hintergrund

Salzburg, Landeshauptstadt und Festspielstadt, Festung Hohensalzburg, Dom und andere berühmte Kirchen, Mozarts Geburtshaus in der Getreidegasse, Mirabellgarten und Schloß, Tiergarten und Schloß Hellbrunn mit Steintheater, Wasserspielen und Alpenzoo, diverse Museen, Höhenstraße zum Gaisberg etc.

Salzkammergut, reich an landschaftlichen und kulturhistorischen Glanzpunkten. Es zählt zu den reizvollsten und beliebtesten Urlaubsregionen Mitteleuropas.

Wildpark Ferleiten, nahe der Mautstelle der Großglockner-Hochalpenstraße, Braunbären, Wölfe, Wisente, Luchse, kapitales Rotwild, Damm- Gams- und Steinwild, Wildschweine, Waschbären, Eulen und Greifvögel (Greifvogelschau), u.a. ein Eldorado für Fotografen, leicht begehbar, Abenteuerspielplatz für Kinder, Gaststätte, geöffnet von Mai bis Nov. von 8 Uhr bis Einbruch der Dunkelheit, Tel. 06546/220.

Zell am See, Hauptort der Europa-Sportregion und einer der bedeutendsten Fremdenverkehrsorte im Salzburger Land.

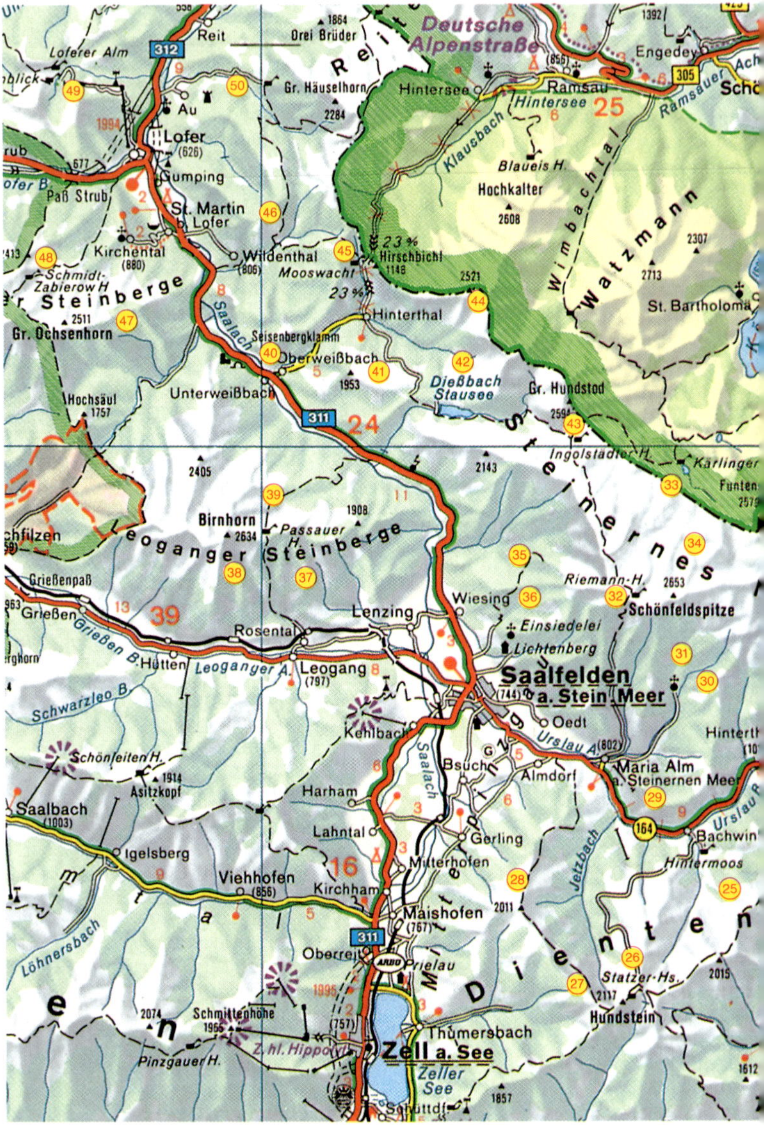

Deutsche Alpenstraße
Reit
1864
Drei Brüder
Loferer Alm
312
49
50
Gr. Häuselhorn
2284
Au
Lofer
(626)
1994
Gumping
Paß Strub
677
St. Martin b. Lofer
46
Kirchental
(880)
48
Schmidt-Zabierow H
Steinberge
2511
Gr. Ochsenhorn
47
Wildenthal
(806)
Mooswacht
45
Hirschbichl
1148
23 %
Hinterthal
44
2521
Saalach
Seisenbergklamm
40
Oberweißbach
41
1953
42
Dießbach Stausee
Unterweißbach
311
24
Hochsäul
1757
Gr. Hundstod
2594
43
Ingolstädter H.
Kärlinger
33
2405
2143
39
Birnhorn
2634
Passauer H.
1908
Leoganger Steinberge
38
37
35
34
Steinernes
Riemann-H.
2653
Wiesing
36
32
Schönfeldspitze
Grießenpaß
Grießen
13
39
Rosental
Lenzing
Einsiedelei
Lichtenberg
31
Grießen B.
Hütten
Leoganger A.
Leogang
(797)
Saalfelden a. Stein. Meer
(744)
30
Oedt
Schwarzleo B.
Kehlbach
Urslau A.
(802)
Schönleiten H.
Bsuch
Maria Alm a. Steinernen Meer
Almdorf
1914
Asitzkopf
Saalbach
(1003)
Harham
29
164
Lahntal
Gerling
Bachwinkl
Urslau
Igelsberg
Mitterhofen
Hintermoos
16
28
Jetzbach
Viehhofen
(856)
Kirchham
Maishofen
(767)
2011
25
311
Löhnersbach
Oberreit
Prielau
ARBÖ
26
1995
27
Statzer-Hs.
2015
2117
Hundstein
2074
Schmittenhöhe
1965
(757)
Thumersbach
Zell a. See
Z. hl. Hippolyt
Pinzgauer H.
Zeller See
1857
Schüttdf.
1612
Dientner
Hintersee
Ramsau
(656)
Engedey
305
1392
Klausbach
25
Blaueis H.
Hochkalter
2608
Wimbachtal
Watzmann
2307
2713
St. Bartholomä
Ramsauer Ache
Funtensee
Hinterthal
Reiteralpe

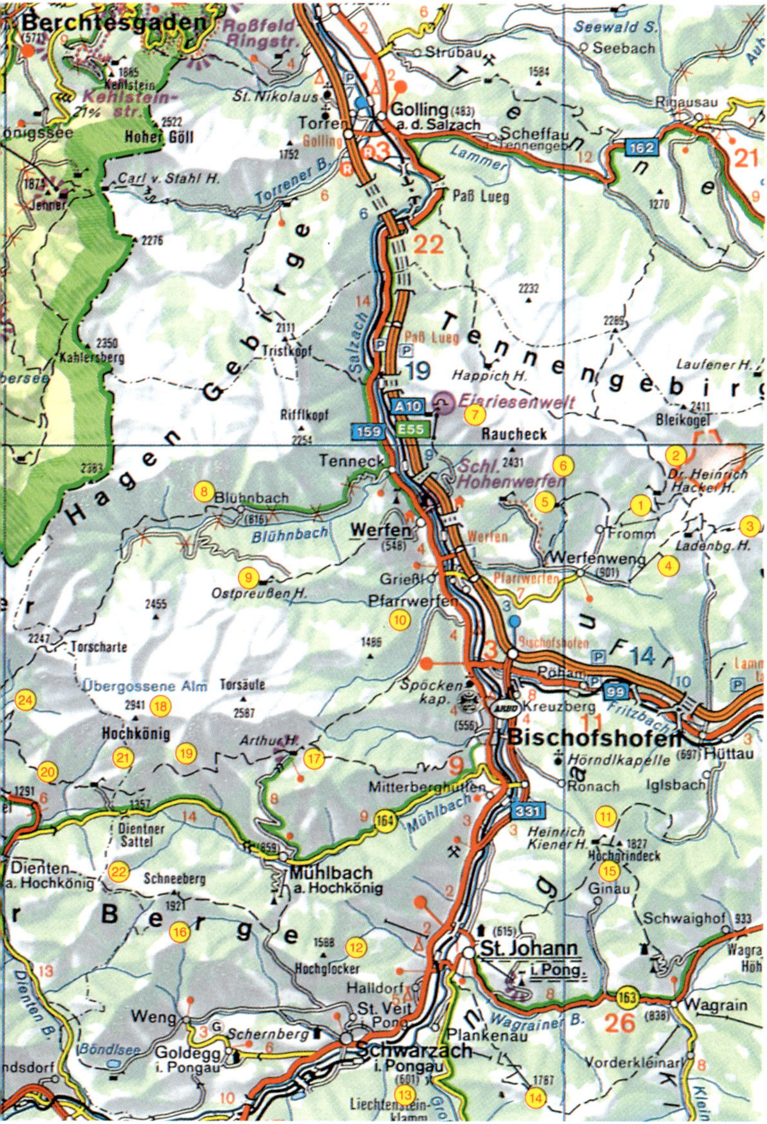

Berchtesgaden
Roßfeld Ringstr.
Kehlstein
Kehlsteinstr.
St. Nikolaus
Golling (483) a. d. Salzach
Torren
Strubau
Seewald S.
Seebach
Rigausau
Scheffau
Tennengebirge
Lammer
Hoher Göll
Carl v. Stahl H.
Jenner
Torrener B.
Paß Lueg
Tristkopf
Kahlersberg
Salzach
Hagen Gebirge
Happich H.
Laufener H.
Eisriesenwelt
Riffikopf
Raucheck
Bleikogel
Tenneck
Schl. Hohenwerfen
Dr. Heinrich Hacker H.
Blühnbach
Werfen
Fromm
Ladenbg. H.
Werfenweng
Grießl
Ostpreußen H.
Pfarrwerfen
Bischofshofen
Torscharte
Übergossene Alm
Torsäule
Hochkönig
Spöcken kap.
Kreuzberg
Pöham
Fritzbach
Arthur H.
Hörndlkapelle
Hüttau
Mitterberghütten
Ronach
Iglsbach
Mühlbach
Dientner Sattel
Heinrich Kiener H.
Hochgründeck
Dienten a. Hochkönig
Schneeberg
Mühlbach a. Hochkönig
Ginau
Schwaighof
Berge
Hochglocker
St. Johann i. Pong.
Wagrain
Halldorf
St. Veit i. Pong.
Plankenau
Wagrainer B.
Weng
Schernberg
Goldegg i. Pongau
Böndlsee
Schwarzach i. Pongau
Vorderkleinarl
Dienten B.
Liechtenstein-klamm

Tourengebiet beiderseits der Salzach: Werfen –Werfenweng – Bischofshofen – St. Johann im Pongau – Schwarzach/St. Veit

Entlang der Salzach, die sich zwischen Tennengebirge auf der einen und Hochkönigstock mit Hagengebirge auf der anderen Seite hindurchzwängt, pulsiert sowohl auf der Schiene wie auf der Straße pausenlos der Verkehr. Die Tauernautobahn und die beiden wichtigen Schienenstränge der Tauernbahn zwischen Salzburg und Klagenfurt sowie der Westbahn zwischen Salzburg und Innsbruck rauschen meist in Tunnels durch dieses Nadelöhr. Gleich hinter dieser Engstelle weitet sich das Tal etwas. Hier liegen auch die größeren Orte der »Ski- und Ferienregion Hochkönig«: Werfen, Bischofshofen und St. Johann im Pongau.

Schon vor mehr als 4000 Jahren siedelten sich hier Menschen an, da sie Erzadern fanden. Um den Götschenberg bei Bischofshofen trifft man auf Zeugen der Frühgeschichte. Bereits auf der Tauernautobahn wird der Reisende auf landschaftliche und kulturelle »Highlights« der Region hingewiesen: Eisriesenwelt, Burg Hohenwerfen mit Greifvogelschau, Pongauer Dom und Liechtensteinklamm in St. Johann. Wer sich zu einem Aufenthalt im Pongau entschließt, findet noch einige Sehenswürdigkeiten mehr: etwa den Marktplatz und die Kirche in St. Veit, den See und das Schloß mit Rittersaal

Blick auf St. Johann im Pongau

Bischofshofen mit dem Tennengebirge im Hintergrund

in Goldegg, den Böndlsee, die Kapelle in Schernberg, die Buchbergkirche in einer Umgebung, die an Südtirol erinnert, die drei in Achslage stehenden Kirchen von Bischofshofen, den Gainfeld-Wasserfall, das Naturdenkmal »Sieben Mühlen« bei Pfarrwerfen, alte Ortskerne und vieles mehr. Auf Bauernmärkten und auf manchen Höfen kann man köstliche Produkte des Landes direkt vom Erzeuger kaufen.
Das Tourengebiet zwischen Werfen und St. Johann beschränkt sich nicht auf den Hochkönigstock am Nord- und Westufer der Salzach. Den Hauptakzent setzt hier das Tennengebirge, das als Musterbeispiel eines nordalpinen Hochkarststockes anzusehen ist. Zusammen mit der Eisriesenwelt gilt das Wandergebiet um Werfenweng als heißer Tip. Und das Hochgründeck über Bischofshofen und St. Johann rühmt sich als einer der höchsten Grasberge Österreichs mit einem Panorama von über 300 Gipfeln. Der Bergfreund bekommt beiderseits des Flusses ein breites Angebot serviert: Tal- und Höhenwanderungen zu Almen und Hütten, einige der berühmtesten Höhlen und Klammen des gesamten Alpenraumes, Gipfeltouren auf einfachen und anspruchsvollen Routen und vieles mehr. Dem weniger Trainierten stehen in Werfenweng und St. Johann für seine Unternehmungen Lifte als Aufstiegshilfe zur Verfügung. Wer hier in der Hauptsaison unterwegs ist, kann nicht mit Einsamkeit rechnen; am ehesten findet er sie auf den bescheidenen Höhen westlich der Salzach.

1 Dr.-Heinrich-Hackel-Hütte, 1531 m

Erinnerung an die letzte Bergfahrt eines berühmten Alpinisten

Wengerau – Dr.-Heinrich-Hackel-Hütte und zurück

Talort: Werfenweng, 901 m.
Ausgangspunkt: Wengerau, 961 m. Zufahrt von Werfen über Pfarrwerfen nach Werfenweng, dort links in die Wengerau (2 km) abbiegen. Lift- und Bäderzubringerbus von Bischofshofen – Werfen.
Gehzeiten: Wengerau – Hackelhütte 1¾ Std., Hackelhütte – Wengerau 1¼ Std.; Gesamtgehzeit 3 Std.
Höchster Punkt: Hackel-Hütte, 1531 m.
Höhenunterschied: 570 m.
Anforderungen: Breite Wanderwege, teilweise stark steigend und bewaldet.
Einkehrmöglichkeiten: Gasthaus in der Wengerau, Dr.-Heinrich-Hackel-Hütte (AV, bew. Anfang Mai bis Ende Okt., 7 B. + 48 L., Tel. 0664/3429114).
Sehenswertes: Talkessel der Wengerau mit Bergumrahmung (Landschaftsschutzgebiet), Ausblick von der Hackel-Hütte auf Hochkönigstock mit Mandlwänden, auf die Südabstürze des Tennengebirges, auf Niedere und Hohe Tauern bis zur Glocknergruppe.
Varianten: 1. Mit dem Lift von Zaglau bei Werfenweng bis Strussing, dann in ca. 1¼ Std. zur Hackel-Hütte (nur geringe Steigung auf breitem Wanderweg!).
2. Anschlußtour zur Tauernscharte, zum Tauernkogel und Eiskogel siehe Tour 2! Die Wandervorschläge 1 u. 2 werden vielfach zusammen als Tagestour durchgeführt.

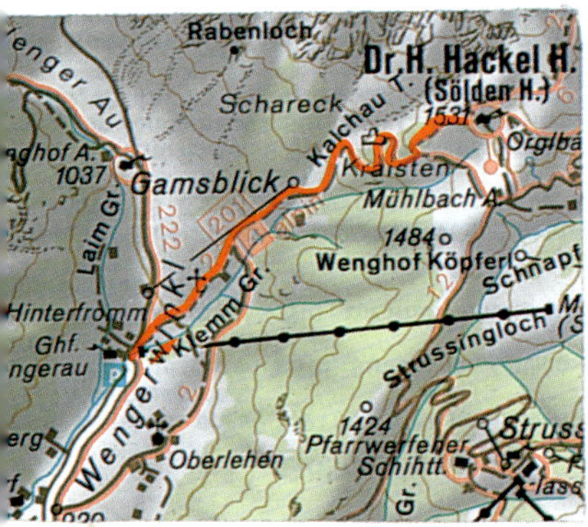

Die Hackel-Hütte auf der Sonnenseite des Tennengebirges bildet einen großartigen Aussichtsbalkon besonders auf den Hochkönig im Westen und die Firnkette der Hohen Tauern im Süden. Johann Stüdl, der Mitbegründer des Deutschen und Österreichischen Alpenvereins, wanderte einst 85jährig auf seiner letzten Bergfahrt hier herauf. Hier hatte er einen freien Blick auf die Glocknergruppe, wo die erste Alpenvereinshütte steht, die Stüdl aus eigenen Mitteln finanzierte. Die Hütte und ein klassischer Felsgrat am Großglockner tragen heute noch seinen Namen.

Gleich hinter dem Parkplatz in der **Wengerau** geht es durch ein Gatter, dann führt der rechte der beiden Wanderwege über einen Schwemmkegel zu einem Graben. Davor schwenkt man rechts in den Wald, steigt in einigen Schleifen zum Gedenkstein von Johann Stüdl hinauf und bald dahinter auf Almwiesen hinaus, über die links mehrere Schleifen zu der bereits von der Wengerau aus gut sichtbaren **Hackel-Hütte** hinaufziehen.

Auf dem Anstiegsweg kehrt man wieder in die **Wengerau** zurück.

In der Nähe der Hackel-Hütte, rechts der Hochkönig, links die Glocknergruppe

2 Tauernkogel, 2249 m, und Gr. Eiskogel, 2321 m

Begeisternde Tourenziele im Sommer und Winter

Dr.-Heinrich-Hackel-Hütte – Tauernscharte – Tauernkogel oder/und Großer Eiskogel und zurück

Talort: Werfenweng, 901 m, Zufahrt von Werfen über Pfarrwerfen.

Ausgangspunkt: Dr.-Heinrich-Hackel-Hütte, 1531 m (AV, bew. Anfang Mai bis Ende Okt., 7 B. + 48 L., Tel. 0664/3429114), Zugang von der Wengerau in 1¾ Std. Siehe Tour 1!

Gehzeiten: Hackel-Hütte – Tauernscharte 1¾ Std., Tauernscharte – Tauernkogel knapp ½ Std., Tauernscharte – Gr. Eiskogel ¾ Std., (Tauernkogel – Gr. Eiskogel 1 Std.), Tauernkogel – Hackel-Hütte 1½ Std., Gr. Eiskogel – Hackel-Hütte 1¾ Std.; Gesamtgehzeit 3¾ bzw. 4¼ Std., beide Gipfel zusammen 5 Std.

Höchste Punkte: Tauernscharte, 2114 m, Tauernkogel, 2249 m, Großer Eiskogel, 2321 m.

Höhenunterschied: Gut 700 m zum Tauernkogel bzw. gut 800 m zum Gr. Eiskogel (kleiner Gegenanstieg), beide Gipfel zusammen ca. 950 m.

Anforderungen: Wege und Steige, die nur stellenweise etwas Trittsicherheit erfordern (unter der Tauernscharte und am Tauernkogel).

Einkehrmöglichkeiten: Auf der Tour keine Einkehrmöglichkeit, nur auf der Hackel-Hütte.

Sehenswertes: Einblick in die felsige Karsthochfläche des Tennengebirges, Tiefblick in die Wengerau und ins Salzachtal, umfassendes Panorama: Dachstein, Niedere Tauern (Hochwildstelle, Hochgolling), Hohe Tauern (Hochalmspitze, Ankogel, Großglockner...), Hochkönig und Hagengebirge.

Variante: Bei guter Verfassung kann die Tour ab Wengerau auch an einem Tag durchgeführt werden. Die Benützung des Lifts Zaglau – Strussing ist möglich, bringt dem Trainierten aber nur einen kleinen Zeitvorteil. Wegen der südseitigen Lage ist zeitiger Aufbruch zu empfehlen!

Die Tour zur Tauernscharte und zum Großen Eiskogel bzw. zum Tauernkogel ist für den Tourengeher im Winter wie für den Wanderer im Sommer eine prächtige Bergfahrt, die beim Anstieg zur Tauernscharte imposante Felsflanken und auf den Gipfeln bei guter Sicht ein phantastisches Panorama mit interessanten Nah- und Fernblicken zu bieten hat. Auch die Tauernscharte,

Blick vom Gipfel des Großen Eiskogel auf Glocknergruppe (links) und Hochkönig

das Tor zur Hochfläche des Tennengebirges, bildet für sich allein ein lohnendes Ziel.

Von der **Hackel-Hütte** wandert man am Rande eines Latschengürtels über freie Hänge bergwärts, tritt über den Rücken zur Rechten in das weite, von der Tauernscharte herabziehende Kar, das unübersehbar den Weg zur Höhe weist. Über die originellen Geländepunkte »Jausenstein«, »Tauernscharten-loch« und »Sanatorium« erreicht man den Bergeinschnitt.

Zum nahen **Tauernkogel** steigt man rechts über einen Gras- und Felsenrük-ken hinauf, der unter dem Gipfel Trittsicherheit erfordert. Der Pfad zum **Großen Eiskogel** ist länger und leichter, er umgeht den Napf im Linksbogen, fällt dann in eine Senke hinab, steigt dahinter geradeaus auf einen kleinen Sattel und links zum interessanten Gipfel.

Beim **Abstieg** hält man sich ganz an die Anstiegsroute.

3 Frommerkogel, 1882 m

Höhenwanderung auf der Sonnenseite des Tennengebirges

Strussing – Anton-Proksch-Haus – Frommer-Hochalm – Frommerkogel – Brandlbergköpfe – Anton-Proksch-Haus – Strussing

Gosaukamm und Dachsteinkette von der Koreinhöhe (Variante 2)

Die Wanderung von Strussing zum Frommerkogel führt wellig über die dem Tennengebirge südseitig vorgelagerten Höhen und bietet eine weite Schau auf den Alpenhauptkamm.

Von **Strussing** folgt man der zur Ladenbergalm und zum Proksch-Haus führenden Straße ostwärts, kommt an einer Kapelle vorbei und trifft noch vor der Bergsteigerunterkunft auf eine Straßengabelung. Rechts geht es zum nahen **Proksch-Haus** weiter, links steigt man in eine Mulde ab und folgt dem Sträßchen im Bogen um die in einer Senke gelegene Grundalm herum, bis eine Abzweigung links den Weg zum Frommerkogel weist. Über einen z.T. bewaldeten Rücken steigt man zur **Frommer-Hochalm** hinauf und von dort rechts auf ein Plateau und zum nahen Gipfelkreuz.

Der **Rückweg** führt auf bekanntem Pfad zur Hochalm und zur Bergstation zurück, sofern man nicht die Runde über die **Brandlbergköpfe** vorzieht. Dieser Weg (Nr. 201) zieht von der Hochalm geradeaus nach Norden, überquert die erste Kuppe und führt an den nächsten Kuppen westseitig entlang in einen Sattel mit Weggabelung hinab. Auf einem Sträßchen geht es leicht steigend zu einem reizvollen Bildstöckl hinauf, dann links zur Straßengabelung nahe dem Proksch-Haus, wo sich die Runde schließt. Auf der Straße zurück nach **Strussing**.

Talort: Werfenweng, 901 m.
Ausgangspunkt: Zaglau bei Werfenweng, 948 m (Liftparkplatz), Zufahrt von Werfen über Pfarrwerfen nach Werfenweng, dort gerade nach Zaglau; Lift- und Bäderzubringerbus von Bischofshofen – Werfen. Mit dem Lift zum Ghs. Strussing (Betriebszeiten Juni mit Sept. bei schönem Wetter tägl. von 9–11.30 und 13–16.30 Uhr, im Okt. nur an den ersten beiden Wochenenden, Tel. 06466/614 oder 448).
Gehzeiten: Strussing – Anton-Proksch-Haus ½ Std., Anton-Proksch-Haus – Frommerkogel 1½ Std., Frommerkogel – Brandlbergköpfe – Proksch-Haus 2 Std., Proksch-Haus – Strussing knapp ½ Std.; Gesamtgehzeit ca. 4½ Std.
Höchster Punkt: Frommerkogel, 1882 m.
Höhenunterschied: Ca. 500 m mit mehreren kleinen Gegenanstiegen.
Anforderungen: Sträßchen und unschwierige Wanderwege.
Einkehrmöglichkeiten: Gasthaus Strussing bei der Bergstation (bew. während der ganzen Wandersaison), Freilassinger Hütte in unmittelbarer Nähe (AV, nicht bew., nur Sa./So. beaufsichtigt), Anton-Proksch-Haus (TVN, fast ganzj. bew., 16 B. + 52 L.).
Sehenswertes: Panorama am Frommerkogel: Südseite des Tennengebirges beiderseits der Tauernscharte, Salzkammergutberge, Dachstein, Niedere Tauern, Hohe Tauern (Hochalmspitze bis Großvenediger), Hochkönig und Hagengebirge.
Varianten: 1. Auf den Lift verzichten und die Wanderung in Zaglau beginnen (siehe Tour 4!), 3½ Std. zusätzlich.
2. Vom Frommerkogel kann man über den Kamm ostwärts zur Koreinhöhe wandern, die einen freien Blick zur Dachsteinkette bietet. Von hier steigt man ostwärts in einen Sattel und dann links zur Koreinalm ab. Unmittelbar davor quert man links den Hang zur Frommer-Hochalm hinauf, wo man wieder in die beschriebene Route einfädelt, ca. 1½ Std. zusätzlich.

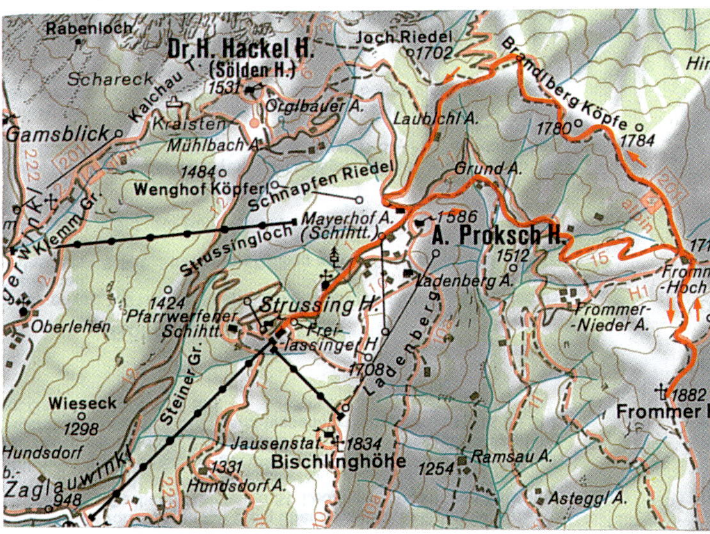

4 Bischlinghöhe, 1834 m, und Anton-Proksch-Haus

Wanderung mit oder ohne Anstiegshilfe

Zaglau – Sportalm Strussing – Bischlinghöhe – Anton-Proksch-Haus – Strussing – Zaglau

Talort: Werfenweng, 901 m.
Ausgangspunkt: Liftparkplatz in Zaglau, 948 m. Zufahrt von Werfen über Pfarrwerfen nach Werfenweng, dort geradeaus nach Zaglau. Lift- und Bäderzubringerbus von Bischofshofen – Werfen. Betriebszeiten des Lifts: Juni mit Sept. bei schönem Wetter tägl. 9–11.30 und 13–16.30 Uhr, im Okt. nur an den ersten beiden Wochenenden, Tel. 06466/614 oder 448.
Gehzeiten: Zaglau – Strussing (Mittelstation) 2 Std., Strussing – Bischlinghöhe ¾ Std., Bischlinghöhe – Proksch-Haus gut ½ Std., Proksch-Haus – Strussing – Zaglau knapp 2 Std.; Gesamtgehzeit gut 5 Std.; bei Liftbenützung je nach Route 2–3 Std.
Höchster Punkt: Bischlinghöhe, 1834 m.
Höhenunterschied: Ca. 900 m.
Anforderungen: Gut markierte Wanderwege und Almstraßen.
Einkehrmöglichkeiten: Gasthaus Strussing, Freilassinger Hütte in dessen Nähe (AV, nicht bew., nur Sa./So. beaufsichtigt), Jausenstation Bischlinghöhe, Anton-Proksch-Haus (TVN, fast ganzj. bew., 16 B. + 52 L.).
Sehenswertes: Rundblick von der Bischlinghöhe auf die Südflanke des Tennengebirges, auf Gosaukamm und Dachstein, Niedere und Hohe Tauern mit Großglockner und Großvenediger, ferner Hochkönig und Hagengebirge.
Varianten: Zwei weitere Routen talwärts:
1. Bischlinghöhe – Bischlingalm – Proksch-Haus – Strussing – Zaglau, 3 Std.
2. Bischlinghöhe – Strussing – Zaglau, 2 Std.

Das alte Proksch-Haus mit Napf, Tauernscharte und Tauernkogel (von links)

Die Bischlinghöhe ist wie der Frommerkogel eine dem Tennengebirge südlich vorgelagerte Gras- und Waldkuppe. Sie ist durch einen Lift von Zaglau im Winter wie im Sommer in zwei Sektionen bequem erreichbar, sofern einem der Anstieg aus dem Tal zu mühsam ist.
Von **Zaglau** nach **Strussing** gibt es zwei Wege: **Links** von der Talstation führt eine breite Straße zum Strussingsattel, **rechts** der Lifttrasse zieht ein Wanderweg über den Zaglauberg zur Höhe. Diese Route erreicht auf einer Straße in 5 Minuten den Leiweinhof und dahinter auf einer Forststraße in einer großen Schleife ein Gatter, hinter dem rechts ein Waldweg nach Strussing abzweigt. Von dort gelangt man etwa im Bereich einer Skiabfahrt über eine Vorkuppe zur **Bischlinghöhe**. Auf Weg Nr. 10 steigt man nordwärts zur Ladenbergalm und zum **Proksch-Haus** ab. Eine breite Forststraße führt nach Strussing und weiter nach **Zaglau** hinab, sofern man nicht den beim Anstieg beschriebenen Waldweg oder den Lift wählt.

5 Von der Wengerau zur Elmaualm

Aussichtsterrasse auf der Südseite des Tennengebirges

Wengerau – Elmaualm und zurück

Talort: Werfenweng, 901 m.
Ausgangspunkt: Wengerau, 961 m. Zufahrt von Werfen über Pfarrwerfen nach Werfenweng, dort links in die Wengerau (2 km) abbiegen.
Gehzeiten: Wengerau – Elmaualm 1¾–2 Std., Rückweg 1¼ Std.; Gesamtgehzeit 3–3½ Std.
Höchster Punkt: Elmaualm, 1530 m.
Höhenunterschied: Knapp 600 m.
Anforderungen: Almstraßen und/oder Wanderwege.
Einkehrmöglichkeiten: Gasthaus in der Wengerau, Jausenstation Gamsblick (beide während der ganzen Saison bew.), Elmaualm (privat, bew. Anfang Juni bis Mitte Okt., 6 B. + 25 L.).
Sehenswertes: Bergkessel der Wengerau mit den Südabstürzen des Tennengebirges (Landschaftsschutzgebiet), Blick auf Hochkönig und Hagengebirge, Niedere und Hohe Tauern, Tiefblick ins Salzachtal; Kirche und »Sieben Mühlen« in Pfarrwerfen.
Varianten: 1. Zugang zur Elmaualm von Mahdegg, ca. 1 Std. (siehe die nachfolgende Tour 6). 2. Anstieg von der Elmaualm zur Werfener Hütte, gut 1 Std., siehe Tour 6!

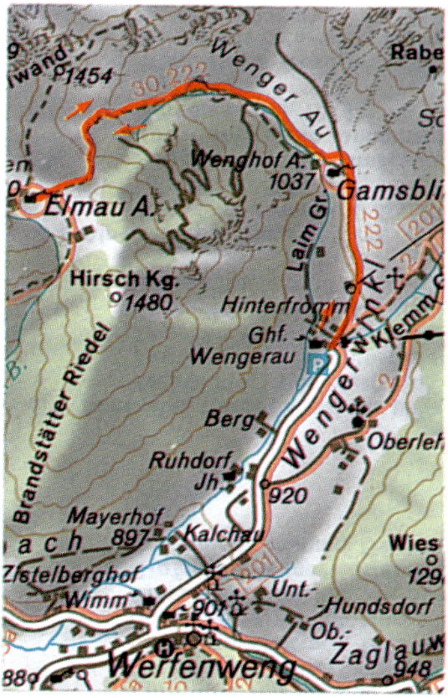

Die Wanderung von der Wengerau zur Elmaualm überfordert nicht, eignet sich vorzüglich zum Eingewöhnen und bietet wie alle Wanderungen auf der Südseite des Tennengebirges einen beachtlichen landschaftlichen Genuß am Fuße schroffer Felsflanken. Wenn zudem noch gute Fernsicht besteht, erlebt man einen grandiosen Blick auf die Kette des schneebedeckten Alpenhauptkammes am südlichen Horizont.
Vom Parkplatz in der **Wengerau** gehts durch ein Gatter, dann auf der Straße zum Gasthaus »Gamsblick« und in die nördliche Bucht des riesigen Talkessels. Nun verzweigt sich der Weg: Auf der Straße kann man in vielen Kehren bequem, aber ca. 20 Minuten länger durch einen Bergwald und dahinter auf einem Wiesensteig zur **Elmaualm** hinaufwandern. Rechts von der Straße zweigt bei einem Gatter der kürzere Wanderweg ab. Er folgt zuerst einem Bächlein, windet sich dann durch einen Sträuchergürtel – beim Eintritt in

denselben steht die Gedenktafel an die 13 Lawinenopfer vom Januar 1982 – und trifft bei einem kleinen Sattel auf die längere Route, mit der er nach rechts zur Hütte ansteigt.
Der **Abstieg** vollzieht sich auf einem der beiden Wege.

In der Nähe der Elmaualm: Blick auf den Hochkönigstock

6 Von Mahdegg zur Werfener Hütte

Eine Hütte gleich einem Adlerhorst

Mahdegg – Werfener Hütte und zurück

Talort: Werfen, 548 m.
Ausgangspunkt: Mahdegg, 1209 m, Anreise von Werfen nach Pfarrwerfen, unmittelbar dahinter links abzweigen (Ww. »Mahdegg, Zistelbergweg« – zuletzt private Mautstraße).
Gehzeiten: Mahdegg – Werfener Hütte 2¼ Std., Rückweg 1¼ Std.; Gesamtgehzeit 3½ Std.
Höchster Punkt: Werfener Hütte, 1969 m.
Höhenunterschied: 760 m.
Anforderungen: Vielbegangener südseitiger Hüttensteig, zuletzt etwas steil.
Einkehrmöglichkeiten: Gasthaus Mahdegg (fast ganzj. bew., Tel. 06468/7110), Werfener Hütte (ÖTK, bew. Anfang Mai bzw. ab Silvester bis Ende Okt., 40 L., Tel. 0663/864828).
Sehenswertes: Niedere und Hohe Tauern, Hochkönig, Hagengebirge, Südflanken des Tennengebirges, Tiefblick ins Salzachtal; gotische Kirche und Naturdenkmal »Sieben Mühlen« in Pfarrwerfen.
Varianten: 1. Anstieg zur Werfener Hütte von der Wengerau über die Elmaualm in ca. 3 Std., siehe Tour 5!
2. Klettersteig von der Werfener Hütte über die Hochthronplatte (Leiter) zur Edelweißerhütte (2349 m, Selbstversorgerhütte, an Sommerwochenenden häufig beaufsichtigt) am Mittleren Streitmandl, Abstieg über die Grießscharte nach Mahdegg; landschaftlich hervorragend, jedoch nur für Geübte, Schwierigkeit schwarz, 3–3½ Std. ab Werfener Hütte bis Mahdegg, über 1100 Höhenmeter insgesamt.

Die Wanderung zur Werfener Hütte, dem Adlerhorst am Südgrat des Werfener Hochthrons, beispielsweise an einem klaren Herbsttag (siehe Titelbild), bleibt jedem in Erinnerung. Man ist geneigt, sie unter die Kategorie der »Muß-Touren« einzuordnen. Die exponierte und exzellente Lage der Schutzhütte kann man schon aus dem Salzachtal gut erkennen.
Der deutlich markierte Weg von **Mahdegg** zur Werfener Hütte ist nicht zu verfehlen, er steigt zuerst durch einen Waldgürtel zügig an, tritt dann auf Bergweiden hinaus und überwindet zuletzt in vielen kleinen Serpentinen einen Latschenrücken.
An- und Abstieg sind gleich.

An der Hochthronplatte, im Hintergrund Hochkönigstock (Mitte) und Glocknergruppe

7 Eisriesenwelt

In der größten Eishöhle der Welt

Parkplatz »Eisriesenwelt« – Wimmerhütte – Dr.-Friedrich-Oedl-Haus – Eisriesenwelt und zurück

Talort: Werfen, 548 m.
Ausgangspunkt: Parkplatz »Eisriesenwelt« unter der Wimmerhütte, ca. 970 m. Zufahrt mit Pkw (ca. 5 km) oder Zubringerbus der Eisriesenwelt von Werfen (Tel. 06468/293).
Gehzeiten: Parkplatz – Wimmerhütte ca. 20 Min., Wimmerhütte – Oedl-Haus 1¼ Std., Oedl-Haus – Höhleneingang 10 Min., Höhlenführung ca. 1 Std., Höhle – Parkplatz 1½ Std.; Gesamtgehzeit ca. 4¼ Std. Bei Benützung des Lifts von der Wimmerhütte zum Oedl-Haus beträgt die Gehzeit incl. Höhlenführung nur ca. 2 Std.
Höchste Punkte: Höhleneingang, 1664 m; in der Eishöhle ca. 1750 m.
Höhenunterschied: Ca. 800 m ab Parkplatz, gut 150 m ab Oedl-Haus.
Anforderungen: Straße zur Wimmerhütte, breiter Wanderweg zum Oedl-Haus und zum Höhleneingang, gut gesicherte Bohlensteige und Holztreppen in der Eishöhle. Wegen der Höhlentemperatur von nahe 0 Grad C ist entsprechende Kleidung mitzubringen. Für ausreichende Beleuchtung ist gesorgt. Information Eisriesenwelt, Tel. 06468/291.
Einkehrmöglichkeiten: Wimmerhütte (Eisriesenwelt-Rasthaus, Lift-Talstation, 12 L.,), Dr.-Friedrich-Oedl-Haus (1575 m, privat, Lift-Bergstation, 10 B. + 40 L., Tel. 06468/248), beide bew. Anfang Mai bis Mitte Okt. während der Öffnungszeit der Eisriesenwelt).
Sehenswertes: Die Eisriesenwelt mit ihren gewaltigen Hallen und Eisgebilden, Blick auf die Südabstürze des Tennengebirges, auf Hochkönigstock und Hagengebirge, Tiefblick ins Salzachtal.

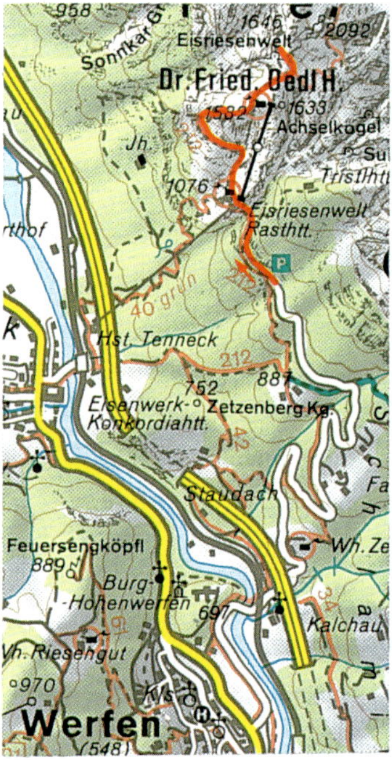

Die Eisriesenwelt bei Werfen, 1879 entdeckt, gilt als größte erforschte Eishöhle der Welt. Das Höhlensystem hat eine Länge von über 40 km, von denen dem Besucher etwa 1 km vorgestellt wird. Die Höhle ist von Anfang Mai bis etwa Mitte Oktober zugänglich, wobei die Führungen von 9 bis 16.30 Uhr durchgeführt werden. An Spitzentagen haben schon 2000 Personen die

Das Friedrich-Oedl-Haus mit dem Hühnerkrall im Hintergrund

nach der nordischen Mythologie benannten Eishallen und -dome mit den zauberhaften, zu Eis erstarrten und effektvoll mit Magnesium angeleuchteten Säulen und Flächen bewundert. Während des etwa einstündigen Rundganges überwindet man etwa 100 Höhenmeter auf 700 Holzstufen. Liebhaber von Eishöhlen wissen, daß diese zu Beginn der Saison, im Mai, am schönsten sind und im Laufe des Sommers einem gewissen Abschmelzungsprozeß unterliegen. In der Höhle besteht Fotografierverbot.
Vom **Parkplatz** »Eisriesenwelt« unter der Wimmerhütte wandert man zuerst auf einer Straße zu dieser hinauf, läßt sich dann mit einem Aufzug zum **Oedl-Haus** »liften« oder steigt auf breitem Wanderweg in zahlreichen Serpentinen über eine lichtbewaldete Steilflanke mit reizvollen Ausblicken zum Oedl-Haus an. Ein breiter, gut gesicherter Felsenweg führt zum großen Portal des **Höhleneingangs**.
Der **Abstieg** folgt ganz der Anstiegsroute. Keine Abschneider!

8 Blühnbachtal

Beschauliche Waldwege an sprudelnden Bergwassern

Tenneck – Blühnbachschloß – Eckberthütte und zurück

Der schluchtartige Taleingang ins Blühnbachtal

Das Blühnbachtal zweigt bei Tenneck westwärts aus dem Salzachtal ab und schiebt sich als trennender Graben zwischen Hagengebirge und Hochkönigstock. Trotz breiter Forststraßen zu beiden Seiten des Blühnbaches besteht hier allgemeines Fahrverbot. Einheimische wie Fremde wandern gern am sprudelnden Bach entlang in die Stille dieses Tales, sind aber enttäuscht, daß das Areal um das Blühnbachschloß in privaten Händen und daher nicht zugänglich ist.

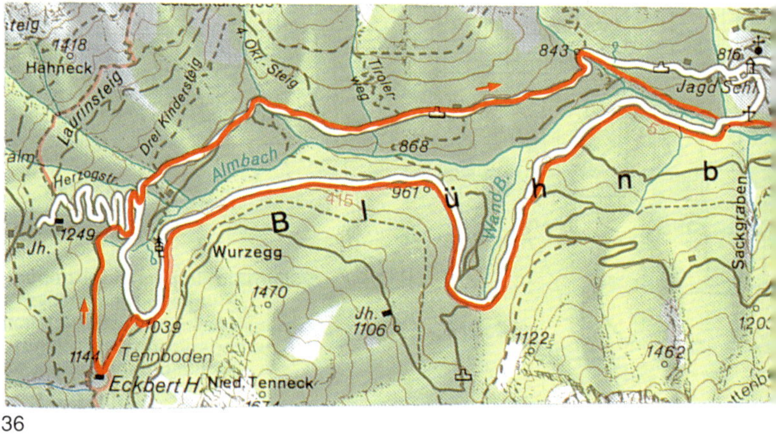

Die Wanderung von Tenneck ins Blühnbachtal kann als Rundtour durchgeführt werden, da beide Talseiten durch Straßen erschlossen sind, die etwa 1 km oberhalb von Tenneck, ferner vor und hinter dem Blühnbachschloß sowie am oberen Talende beim Tennboden bzw. bei der Eckberthütte zueinander eine Verbindung haben. Viele Wanderer kehren auf der Höhe des Blühnbachschlosses um, entscheiden sich aber für eine Rundtour und wandern so auf der gegenüberliegenden Talseite wieder nach Tenneck hinaus.

Talort/Ausgangspunkt: Tenneck, 530 m, Zufahrt über die Salzachtal-Bundesstraße oder über die Tauernautobahn (Ausfahrt Werfen).

Gehzeiten: Tenneck – Blühnbachschloß 2 Std., Blühnbachschloß – Eckberthütte 2 Std., Eckberthütte – Tenneck ca. 4 Std.; Gesamtgehzeit große Runde ca. 8 Std., kleine Runde bis Blühnbachschloß ca. 4 Std.

Höchster Punkt: Eckberthütte, 1144 m.

Höhenunterschied: 300 m bis Blühnbachschloß, 600 m bis Eckberthütte.

Anforderungen: Breite, bequeme und gut beschilderte Wanderwege (für den Verkehr gesperrte Forststraßen). Die gesamte Runde bis zur Eckberthütte umfaßt auf dem unteren und oberen Weg zusammen 30 bis 32 km.

Einkehrmöglichkeiten: Keine, die Eckberthütte ist eine Selbstversorgerhütte (AV, 25 L., zugänglich von Anfang Mai bis Mitte Sept. und in der 2. Oktoberhälfte).

Sehenswertes: Schluchtartiger Taleingang, Bergumrahmung des waldreichen Tales, Anger um das Blühnbachschloß, zeitweise versiegender Wasserfall im oberen Tal, Bachlauf und Umgebung.

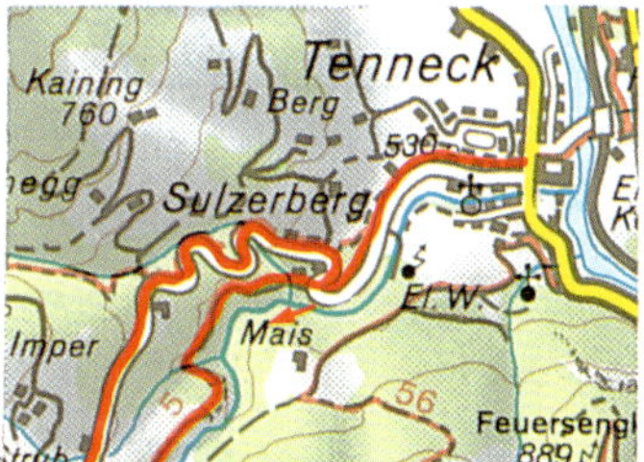
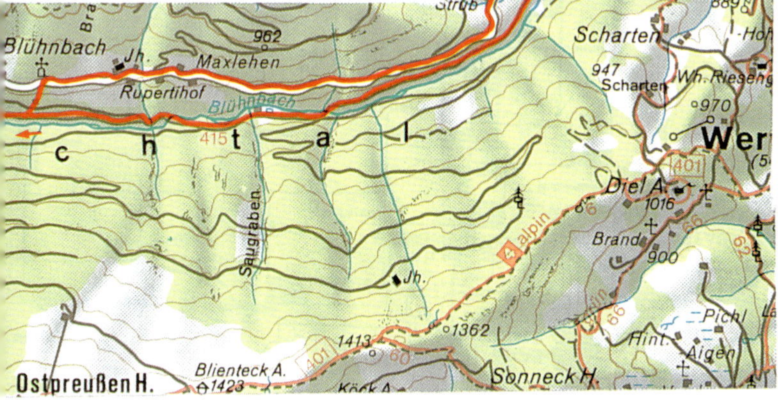

9 Von der Dielalm zur Ostpreußenhütte

Stützpunkt alter ostdeutscher Städte am Hochkönig

Dielalm – Blienteckalm – Ostpreußenhütte und zurück

Talort: Werfen, 548 m.
Ausgangspunkt: Dielalm, 1016 m, Zufahrt vom nördlichen Ortsende von Werfen (4 km Fahrstraße).
Gehzeiten: Dielalm – Ostpreußenhütte 2 Std., Rückweg 1½ Std.; Gesamtgehzeit 3½ Std.
Höchster Punkt: Ostpreußenhütte, 1630 m.
Höhenunterschied: Ca. 700 m mit Gegenanstieg.
Anforderungen: Breiter, unschwieriger, z.T. bewaldeter Wanderweg.
Einkehrmöglichkeiten: Dielalm (Gasthaus mit Abenteuerspielplatz, Ziegen u.a.), Blienteckalm (bew. Mitte Juni bis Ende Sept.), Ostpreußenhütte (AV, bew. Anfang Mai bis Ende Okt., 20 B. + 40 L., Tel. 06468/7146).
Sehenswertes: Reizvolle Lage der Diel- und Blienteckalm sowie der Ostpreußenhütte, Blick von der Blienteckalm und Ostpreußenhütte auf Hagengebirge (Teufelshörner über dem Blühnbachtal), Salzachtal, Tennengebirge und Mandlwände. Reiche Flora um Blienteckalm und Ostpreußenhütte im Frühsommer.
Varianten: 1. Zugang von Werfen zur Dielalm auf Wanderweg und z.T. Straße in 1½ Std.
2. Wanderung von Pfarrwerfen über Sonneckhütte zur Ostpreußenhütte auf Weg Nr. 60 in ca. 3½ Std.
3. Wanderung von der Ostpreußenhütte über den Schafelberg auf den Gamskarkogel (ca. 1¼ Std. in Richtung Hochkönig, Schwierigkeit rot, Auskunft beim Hüttenwirt).
4. Die Ostpreußenhütte ist ein bekannter Ausgangspunkt für eine Hochkönigbesteigung, die aber nur Ausdauernden, Geübten und im Hochgebirge Erfahrenen bei günstigen Wetterbedingungen anzuraten ist, 5 Std.

Die Ostpreußenhütte ist ein zwischen den beiden Weltkriegen von ostdeutschen Sektionen erbauter Bergsteigerstützpunkt am Hochkönig. Im schmukken, sonnigen Erker der Gaststube erinnern die Wappen von Königsberg,

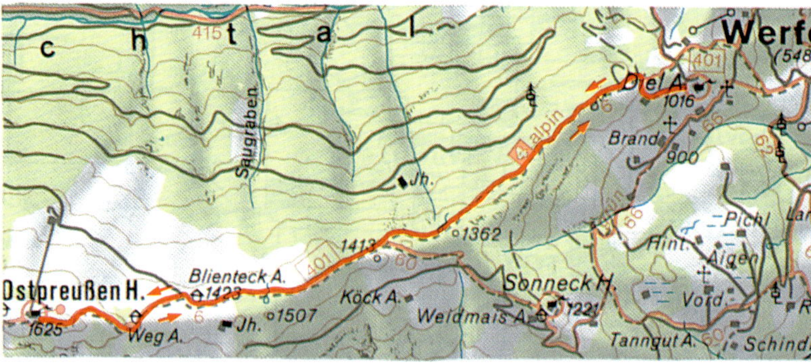

Osterode, Elbing u.a. an die Heimatorte der Erbauer dieser Hütte. Der Wald- und Almweg von der Dielalm zur Hütte ist eine beliebte Wanderung.
Auf Weg Nr. 6 geht man von der **Dielalm** über einen bewaldeten Rücken zu der in einer Senke und vor einer interessanten Bergkulisse (Teufelshörner) liegenden **Blienteckalm**, dann über die schütter bewaldeten Bergweiden der Wegalm zur **Ostpreußenhütte**.
Rückkehr auf dem gleichen Weg.

Die Blienteckalm mit dem Hagengebirge

10 Wetterkreuz, 1174 m, und Höllntal

Stiller Rastplatz über dem Salzachtal

Bischofshofen – Hasllehen – Wetterkreuz – Gasthaus Höllntal – Bischofshofen

Talort/Ausgangspunkt: Bischofshofen, 556 m.
Gehzeiten: Bischofshofen – Hasllehen 1 Std., Hasllehen – Wetterkreuz 1 Std., Wetterkreuz – Gasthaus Höllntal 1½ Std., Gasthaus Höllntal – Bischofshofen 1¾ Std.; Gesamtgehzeit gut 5 Std.
Höchster Punkt: Kuppen hinter dem Wetterkreuz, ca. 1200 m.
Höhenunterschied: Ca. 650 m.
Anforderungen: Straßen und breite Wanderwege.
Einkehrmöglichkeiten: Gasthaus Höllntal (während der Wandersaison bew.).
Sehenswertes: Tiefblick vom Wetterkreuz ins Salzachtal, beschränkte Sicht auf Mandlwände und Torsäule, auf Tennengebirge und Dachstein.
Variante: Abstieg vom Wetterkreuz ins Gainfeldtal (auf der Forststraße zurück bis zur Gabelung, dann rechts), an reizvollen Gehöften und an der Bischofshofener Sprungschanze vorbei ins Tal, ca. 1½ Std. kürzer.

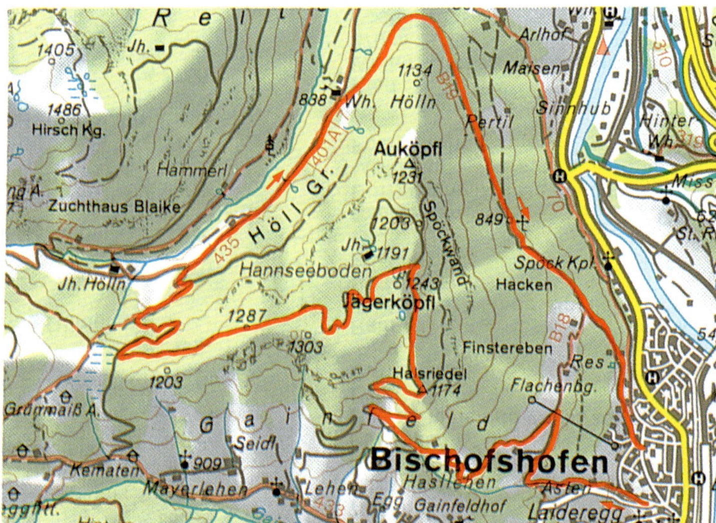

Wenn man den Titel der hier vorgestellten Wanderung liest, könnte man glauben, auf der Tour mit Blitz, Donner und Dämonen konfrontiert zu werden. Dem ist aber ganz und gar nicht so, vielmehr handelt es sich um eine bescheidene, stille Tour über dem Salzachtal.

Von **Bischofshofen** wandert man zuerst auf einer Straße in Richtung Gainfeldtal und zweigt bei einer Gabelung rechts zum Wetterkreuz ab. Dabei verfolgt man das Sträßchen über das **Schalaungut** bis zu seinem Ende bei **Hasllehen**. In breiten Serpentinen steigt man dahinter über Wiesen und durch Wald zur Einmündung der vom Gainfeldtal heraufführenden Forststraße und auf dieser zum Rast- und Aussichtsplatz am **Wetterkreuz** an (Achtung: In der Karte wird das Wetterkreuz mit Halsriedel bezeichnet). Das linke Sträßchen führt über welliges Waldgelände der Hoferau windungsreich weiter und fällt schließlich zum **Gasthaus Höllntal** ab. Ziemlich höhengleich geht es zuerst in Richtung Pfarrwerfen hinaus, doch beim Austritt aus dem Wald, vor Beginn der Gefällstrecke, zweigt man rechts ab und erreicht auf schönem Wanderweg wieder **Bischofshofen**.

Sommerliche Enzianblüte

11 Von Ronach zum Hochgründegg, 1827 m

Einer der höchsten Grasberge Österreichs mit großer Gipfelschau

Ronachbauer – Heinrich-Kiener-Haus – Hochgründegg – Hofersattel – Ronach

Blick vom Hochgründegg auf Kienerhaus und Hochkönig

Das Hochgründegg ist das Paradebeispiel eines Wanderberges und gewinnt durch das Heinrich-Kiener-Haus in Gipfelnähe zusätzliche Attraktivität. Als einer der höchsten Grasberge Österreichs mit phantastischer Gipfelschau hat es sich einen besonderen Namen gemacht.

Talort: Bischofshofen, 556 m.
Ausgangspunkt: Ronachbauer, ca. 990 m. Beschränkte Parkmöglichkeit am Straßenrand bei Ronach; Anreise von Bischofshofen zuerst in Richtung Buchberg, dann dem Ww. »Hochgründegg« bis zum Ronachbauer folgen (5 km von der Autobahnausfahrt in Bischofshofen).
Gehzeiten: Ronach – Kienerhaus 2¼ Std., Kienerhaus – Hochgründegg 20 Min., Hochgründegg – Hofersattel – Ronach 1½ Std.; Gesamtgehzeit gut 4 Std.
Höchster Punkt: Hochgründegg, 1827 m.
Höhenunterschied: Ca. 850 m.
Anforderungen: Gut markierte Wanderwege und Steige, die nur an kurzen Stellen etwas Trittsicherheit erfordern können. Wem ein zügiger, steiler Anstieg nicht behagt, sollte den Hin- und Rückweg auf der hier beschriebenen Abstiegsroute durchführen, die allerdings etwas länger ist.
Einkehrmöglichkeiten: Heinrich-Kiener-Haus (1792 m, privat, bew. Mitte Mai bis Ende Okt., 50 L. + B.).
Sehenswertes: Ausblick vom Hochgründegg auf ca. 300 Gipfel (Hochkönig, Tennengebirge, Dachstein, Niedere und Hohe Tauern, Kitzbüheler Alpen und Dientner Schieferberge), das Ronachgut in sommerlicher Blütenpracht vor der Hochkönigkulisse, siehe S. 2!

Man wandert am **Ronachbauer** vorbei in den Wald, folgt an der ersten Weggabelung dem linken Pfad zu einer Forststraße, die sich kurz darauf verzweigt. Hier beginnt die Rundtour über das Hochgründegg. Entlang der linken Straße führt der längere und leichtere, als Abstiegsroute beschriebene Weg zum Gipfel, zwischen den beiden Forststraßen müht sich der steilere Steig über einen bewaldeten Rücken zum **Kiener-Haus** hinauf (Weg 450). Auf breiter Trasse geht es zuletzt links vom Haus ziemlich eben zu einem Sattel hinüber und über einen unbedeutenden Grasrücken zum **Gipfel**.
Der **Abstieg** führt zum Sattel zurück, dann rechts (Ww. »Klammalm«) zum Hofersattel hinab, dort links (Ww. »Bischofshofen«). In weiten Schleifen durch den Wald, dreimal über eine Forststraße und hinter einer Wildfütterung dem Sträßchen im Bogen links durch einen Graben zum Anstiegsweg zurück folgen und (Ww. »Bischofshofen«) nach Ronach hinab.

12 Hochklingberg, 1303 m

Junges Kloster am Berg

St. Johann/Reinbach – Hedegg – Kinderalm-Kloster – Hochklingberg – Roslalm – Troistein – Reinbach

Talorte: St. Johann im Pongau, 616 m; St. Veit im Pongau, 763 m.

Ausgangspunkt: St. Johann/Reinbach (Jet-Tankstelle an der Salzachtal-Bundesstraße), ca. 520 m.

Gehzeiten: Reinbach – Hedegg 1¼ Std., Hedegg – Kinderalm-Kloster 1 Std., Kloster – Hochklingberg, gut 5 Min., Hochklingberg – Roslalm 1¼ Std., Roslalm – Troistein – Reinbach ca. 1½ Std.; Gesamtgehzeit ca. 5 Std.

Höchster Punkt: Hochklingberg, 1303 m.

Höhenunterschied: Ca. 800 m.

Anforderungen: Straßen und Wanderwege.

Einkehrmöglichkeiten: Roslalm (bew. Mitte Juni bis Ende Sept.), Jausenstation Troistein.

Sehenswertes: Ausblick vom Hochklingberg auf Hochkönig, Tennengebirge, Dachstein, Wiesbachhorn, Hohen Tenn, Salzachtal; Kinderalm-Kloster (1985 gegründet, kontemplativer Frauenorden, auch Außenstehende können einige Tage in der Stille des Klosters leben, Ikonenmalerei mit Verkaufsausstellung nur werktags), St. Veit (Marktplatz und Kirche), St. Johann (Kirche).

Varianten: 1. Als Ausgangspunkt für die Wanderung kann man auch St. Veit wählen, Anstieg über die Straße oder den Weg Nr. 23, ca. 2 Std. Das Kinderalm-Kloster kann man von St. Veit auch mit dem Pkw über den »Güterweg Hochkling« erreichen (5,4 km von Ortsmitte St. Veit).

2. Vom Kinderalm-Kloster kann man zuerst auf einer Forststraße, dann auf einem Waldweg (Markierung 23) in 1 Std. zur bescheidenen Waldkuppe des Hochglocker ansteigen.

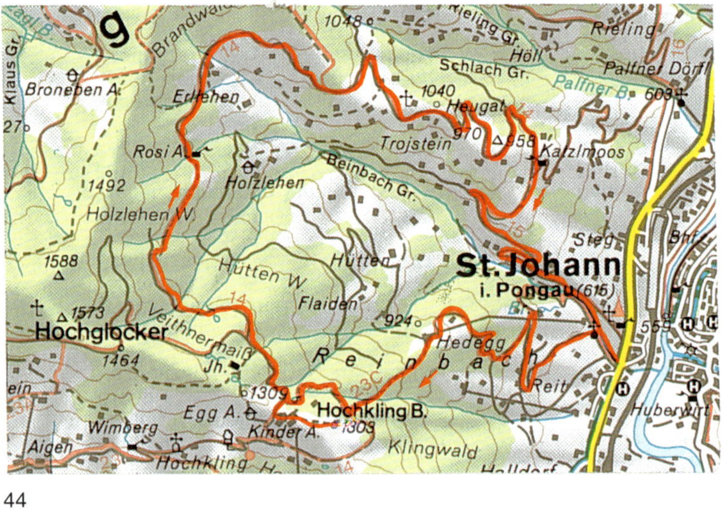

Krokuswiese am Hochklingberg

Der interessante Aussichtspunkt Hochklingberg mit dem jungen Kloster »Marienparadies«, das 1985 auf der Kinderalm, einer verwaisten Erholungsstätte für lungenkranke Kinder, errichtet wurde, bietet eine recht beschauliche Wanderung sowohl von St. Johann als auch von St. Veit.
Von der Salzachtal-Bundesstraße in St. Johann (Jet-Tankstelle) zweigt entlang des Reinbaches eine Fahrstraße ab, von der schon kurz darauf links der »**Hedegg-Güterweg**« bergwärts führt, dem man bis zum Straßenende folgt. Bei einer Linkskehre der Straße (Rastbank) kann eine markierte Abkürzung (Weg Nr. 14) gewählt werden (Kurz nach Eintritt in den Wald links abzweigen!). Am Straßenende in **Hedegg** geht es lange durch Wald zu einem Steg, dort links zu einer Forststraße, auf dieser ca. 20 m nach rechts und wieder links durch den Wald zu einer weiteren Forststraße, auf der man links das **Kinderalm-Kloster** erreicht. Man umgeht es links am Zaun via »Hochkönig- und Dachsteinblick« zum **Hochklingberg**.
Wer nicht auf gleicher Route ins Tal zurückkehren will, geht auf der Forststraße und einem Wanderweg (Nr. 14) über waldreiches Gelände zur **Roslalm** (6 km) weiter, steigt dann nach **Troistein** ab und zweigt an der Linkskehre unterhalb von Katzlmoos vom gleichnamigen Güterweg ab, um auf Weg Nr. 15 in den Reinbachgraben und zum Ausgangspunkt abzusteigen.

13 Liechtensteinklamm

Sagenumwobene Klamm mit gewaltigen Dimensionen

Klammeingang – großer Wasserfall und zurück

Talort: St. Johann im Pongau, 616 m.
Ausgangspunkt: Drei Parkplätze vor der Liechtensteinklamm, Zufahrt von St. Johann mit Pkw (Ww. »Liechtensteinklamm«) oder mit Bus (BB-Linie 3212) ab St. Johann-Bahnhof bzw. Postamt. Zu Fuß vom Ortszentrum St. Johann 4,5 km, gut 1 Std. Die Klamm ist geöffnet von Mai – Okt., 10–16 Uhr.
Gehzeiten: Klammeingang – großer Wasserfall und zurück 1 Std.
Höhenunterschied: Ca. 60 m.
Anforderungen: Bequeme Wege und Stege, die für jedermann problemlos begehbar sind.
Einkehrmöglichkeiten: Gasthof Liechtensteinklamm und Gasthaus am Klammeingang.
Sehenswertes: Liechtensteinklamm, Kirche von St. Johann (»Pongauer Dom« im gotischen Baustil).

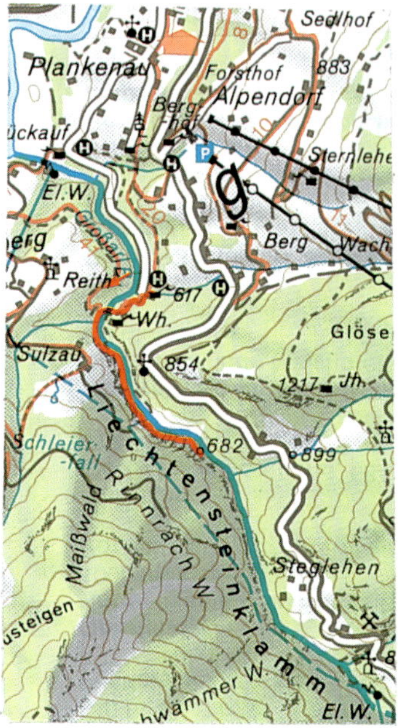

Die im Jahre 1875 durch eine Spende des Fürsten von Liechtenstein begehbar gemachte Klamm zählt zu den gewaltigsten im gesamten Alpenraum. Der Großarlbach hat sich hier in geradezu abenteuerlicher Weise einen Weg durch die Felsen geschliffen und eine Klamm von einmaliger Schönheit geschaffen. Im mittleren Teil ist die Schlucht so eng, daß die Felsen hoch oben nur etwa 1 m voneinander entfernt sind. Hier hat die Natur auch phantasievolle Steingebilde geformt, etwa eine Schildkröte, einen Löwen- und einen Stierkopf. Letzterer ist so echt, als habe ihn ein Bildhauer gemeißelt.

Auf breiten, sicheren Holzstegen durchwandert man die dunkle Klamm, in die nur noch wenige Sonnenstrahlen bis zum rauschenden Bach am Grund vordringen. Am Ende der Steiganlage stürzt ein Wasserfall mit so großem Getöse über eine bemooste Felsflanke, daß man sein eigenes Wort kaum versteht.

Der **Hin- und Rückweg** durch die Schlucht vollzieht sich auf gleicher Route und ist eindeutig vorgegeben.

Der große Wasserfall in der Liechtensteinklamm

14 Gernkogel, 1787 m, und Sonntagskogel, 1849 m

Aussichtskuppen über Bergweiden und Liftanlagen

Bergstation der Kabinenbahn Alpendorf – Gernkogelalm – (Gernkogel –) Sonntagskogel und zurück

Talort: St. Johann im Pongau, 616 m.
Ausgangspunkt: Alpendorf bei St. Johann, Anreise in Richtung Großarl, auch mit Bus ab Bahnhof bzw. Zentrum von St. Johann erreichbar (BB-Linie 3214). Die Bergbahn ist im Juni am Mi. + So., von Juli bis Ende Sept. tägl. jeweils von 9–17 Uhr zur vollen Stunde in Betrieb (Tel. 06412/6260).
Gehzeiten: Bergstation – Gernkogelalm gut ½ Std., (Gernkogelalm – Gernkogel ca. 5 Min.), Gernkogelalm – Sonntagskogel ca. 1 Std., Sonntagskogel – Gernkogelalm – Bergstation 1¼ Std.; Gesamtgehzeit ca. 3 Std.
Höchste Punkte: Gernkogel, 1787 m, Sonntagskogel, 1849 m.
Höhenunterschied: Gut 400 m mit Gegenanstiegen.
Anforderungen: Bequeme Almsträßchen und gut markierte Wege.
Einkehrmöglichkeiten: Obergaßalm, Buchauhütte, Gernkogelalm; bei An- bzw. Abstieg von und nach Alpendorf auch Kreistenalm und Sternhof (alle während der Wandersaison bzw. bei Liftbetrieb bew.).
Sehenswertes: Rundblick vom Sonntagskogel auf Radstädter Tauern und Hohe Tauern mit 28 Dreitausendern (Großglockner u.a.), Gabel, Schuhflicker, Höllwand, St. Johann mit Salzachtal, Hochkönigstock, Tennengebirge und Dachstein.
Varianten: 1. Vom Alpendorf kann man auf einem Sträßchen über Gasthaus Sternhof (bis hierher Fahrerlaubnis mit Pkw, jedoch nur Privatparkplatz) und Kreistenalm zur Obergaßalm und Gernkogelalm (Weg Nr. 11) ansteigen (2½–3 Std.). Für den Abstieg auf gleicher Route sind knapp 2 Std. vorzusehen.
2. Vom Sonntagskogel kann man in ¾ Std. zu der im Nordosten gelegenen Grafenbergbahn ab- und ansteigen, mit der man nach Wagrain gelangt. Von dort Rückfahrt mit BB-Linie 3216 nach St. Johann, dort umsteigen in Linie 3214 nach Alpendorf. Zu Fuß benötigt man von der Bergstation nach Wagrain ca. 2 Std. Siehe Rother-Wanderführer »Gasteiner Tal«, Tour 2!

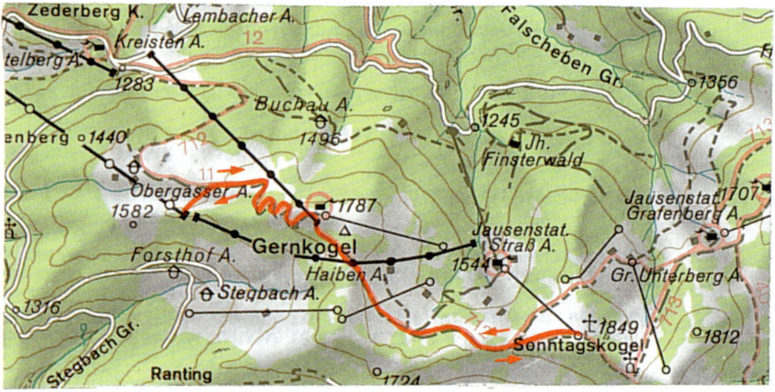

Blick vom Gernkogel auf das nebelbedeckte Salzachtal und das Tennengebirge

Während der durch eine Antennenanlage entstellte und teilweise mit Bäumen bewachsene Gernkogel nur eine beschränkte Aussicht nach Norden zu bieten hat, hält der freie Sonntagskogel ein reizvolles Panorama bereit. Vor allem die unter Variante 2 beschriebene Überschreitung von St. Johann nach Wagrain wird gerne durchgeführt, da sie mit Hilfe zweier Bergbahnen und Busse auch von weniger Trainierten bewältigt werden kann. Die Route bewegt sich nur im Gipfelbereich des Sonntagskogel auf einem Steig, ansonsten auf Sträßchen.

Von der **Bergstation** der Kabinenbahn auf einem Sträßchen über die Buchauhütte zum Restaurant **Gernkogelalm**, rechts um die bewaldete Kuppe des Gernkogel herum – wegloser Abstecher dorthin in ca. 5 Minuten problemlos möglich – und über einen weiten Sattel hinweg zum **Sonntagskogel**; auf einem Steig geht es direkt über den Grat zum Gipfel.

Auf der Anstiegsroute wandert man wieder zum Ausgangspunkt zurück.

15 Vom Hahnbaum zum Hochgründegg, 1827 m

Über 300 Gipfel im Visier

Hahnbaum – Heinrich-Kiener-Haus – Hochgründegg und zurück

Talort: St. Johann im Pongau, 616 m.
Ausgangspunkt: Hahnbaum, 1226 m, Parkplatz. Erreichbar von St. Johann mit Doppelsesselbahn Hahnbaum (in Betrieb von Ende Juni bis Mitte Sept. am Di. und Fr. von 9–11.45 Uhr und 13–17 Uhr, Tel. 06412/8447) oder mit Pkw. Man fährt vom Ortsende 1,7 km in Richtung Wagrain (bzw. 2,2 km von der Kirche), dann 3 km links zum Hahnbaum.
Gehzeiten: Hahnbaum – Heinrich-Kiener-Haus 2½ Std., Kiener-Haus – Hochgründegg 20 Min., Hochgründegg – Hahnbaum 2 Std.; Gesamtgehzeit ca. 5 Std.
Höchster Punkt: Hochgründegg, 1827 m.
Höhenunterschied: Ca. 700 m über einen welligen Kamm.
Anforderungen: Unschwierige Wanderwege.
Einkehrmöglichkeiten: Hahnbaumalm (Donnerstag Ruhetag), Heinrich-Kiener-Haus (1792 m, privat, bew. Mitte Mai bis Ende Okt., 50 L. + B.).
Sehenswertes: Ausblick vom Hochgründegg auf rund 300 Gipfel (Hochkönig, Tennengebirge, Dachstein, Niedere und Hohe Tauern, Kitzbüheler Alpen und Dientner Schieferberge).

Das Hochgründegg vereint alle guten Eigenschaften, die der Wanderer sehr schätzt. Aus diesem Grund ist es nicht verwunderlich, daß vier bedeutende Routen aus allen Himmelsrichtungen zu seinem Gipfel führen. Der Anstieg von St. Johann über den Hahnbaum folgt einem langen, bewaldeten Höhenzug zum Kiener-Haus und dann einem freien Grasrücken zum bekannten Aussichtspunkt.
Vom **Hahnbaum** steigt man über Wiesen auf den bewaldeten Rücken und verfolgt diesen wellig zum **Kiener-Haus**, wobei sich das Gelände erst vor der Schutzhütte deutlich aufsteilt. Vom Haus wandert man über zumeist freies Gelände zum Gipfel des **Hochgründegg**.
Der **Rückweg** folgt der Anstiegsroute.

Am Kienerhaus: Blick auf Hagengebirge (links) und Tennengebirge (rechts)

16 Gamskögerl, 1747 m, und Hochegg, 1817 m

Schattige Waldwege, sonnige Bergweiden, aussichtsreiche Kuppen

Goldeggweng – Roßbachalm – Gamskögerl – Hochegg und zurück

Talort: Goldegg, 823 m.
Ausgangspunkt: Goldeggweng, ca. 850 m. Anreise aus dem Salzachtal über Schwarzach nach Goldegg und weiter nach Goldeggweng. Von der Straßengabelung in der Dorfmitte ca. 250 m in Richtung »Böndlsee« zu einer Kapelle, an der rechts der Güterweg »Schmiedhof« abzweigt. Nach 1,1 km fährt man an einer Straßengabelung geradeaus weiter und trifft nach weiteren 2 km auf die Abzweigung einer Forststraße, in deren Nähe beschränkte Parkmöglichkeit besteht (ca. 1150 m, Forststraße nicht blockieren!).
Gehzeiten: Güterweg – Roßbachalm – Gamskögerl 2 Std., Gamskögerl – Hochegg knapp ½ Std., Rückweg auf gleicher Route 1½ Std.; Gesamtgehzeit 4 Std.
Höchste Punkte: Gamskögerl, 1747 m, Hochegg, 1817 m.
Höhenunterschied: Ca. 700 m für beide Gipfel, 600 m fürs Gamskögerl.
Anforderungen: Unschwierige, im Bereich des Waldes aber etwas steile Wege; der Übergang vom Gamskögerl zum Hochegg ist nicht markiert, bei normalen Sichtverhältnissen jedoch unproblematisch.
Einkehrmöglichkeiten: Keine Einkehrmöglichkeiten auf der Tour!
Sehenswertes: Die Aussicht vom Hochegg ist umfassender als die vom Gamskögerl: Niedere Tauern, Ankogel- bis Glocknergruppe mit dem beherrschenden Wiesbachhorn, ferner Leoganger Steinberge, Hochkönig und Dachstein.
Variante: Wer die Tour in Goldeggweng beginnt, soll 300 Höhenmeter und knapp 2 Std. mehr für den Hin- und Rückweg einplanen.

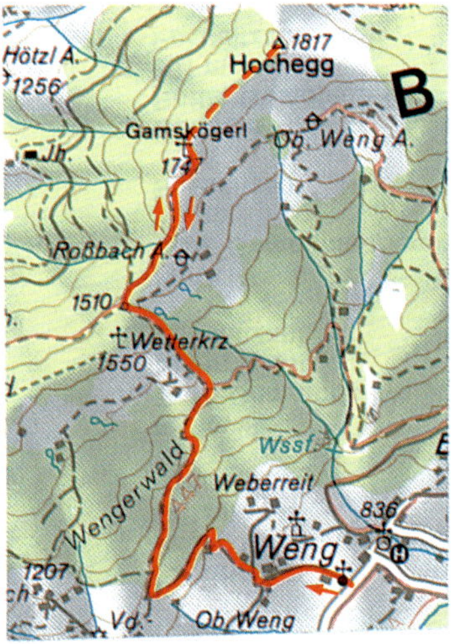

Gamskögerl und Hochegg sind zwei recht unscheinbare, stille Bergziele abseits der großen Wanderrouten und gerade deshalb manchem Bergfreund recht willkommen, zumal sich das Panorama wirklich sehen lassen kann.
Bereits an der im Beschreibungskopf genannten Kapelle in **Goldeggweng** trägt ein Schild die Aufschrift »Gamskögerl, Roßbachalm«. Man folgt diesem zu Fuß oder mit dem Auto bis zu der ebenfalls o.g. Abzweigung einer Forststraße (Schranken). Diese führt nach rechts zu einem Graben und setzt sich dahinter in einem breiten, etwas steilen Waldweg bis zu den Weiden der

Roßbachalm fort. Diese umgeht man zuerst im angrenzenden Wald zur Linken, ehe man über Wiesen zum **Gamskögerl** ansteigt, das man zuletzt von rechts her erreicht. Zum **Hochegg** folgt man dem weglosen Wiesen- und Waldkamm – teilweise entlang eines Weidezaunes – in nordöstlicher Richtung.
Der **Rückweg** hält sich an die Anstiegsroute.

Kurz unter dem Gamskögerl, im Hintergrund Wiesbachhorn und Hoher Tenn

Tourengebiet Hochkönig: Mühlbach und Dienten

Das Zentrum des Tourengebietes um den Hochkönig markieren die Orte Mühlbach und Dienten. Der Mühlbach und der Dientnerbach fließen von Westen nach Osten bzw. von Norden nach Süden jeweils zur Salzach hin. Sie haben soviel Platz geschaffen, daß sich an ihren schmalen Ufern zwischen der Felsbastion des Hochkönigs und den Schieferbergen zwei Dörfer ausbreiten konnten. Vor allem an den sonnseitigen Berglehnen fanden Bauern über Jahrhunderte hinweg ein dürftiges Auskommen. Für einen Zeitraum von 150 Jahren brachte der Kupferbergbau in Mitterberg und Mühlbach bescheidenen Wohlstand. Nachdem dieser bereits etwa von 2000 bis 700 v. Chr. am Fuß des Hochkönigs betrieben wurde, die Erzadern dann aber rund 2500 Jahre im Berg vergessen und verborgen ruhten, könnte die Geschichte ihrer Wiederentdeckung im Jahre 1827 gut einem Sagen- und Märchenbuch entnommen sein: Ein Bergbauer, dessen hochgelegene Flur kein Getreide reifen ließ, holte mit seiner Kuh Brot und Getreide aus dem Salzachtal. Auf dem Heimweg verlor er einen für ihn so kostbaren Laib Brot, den sein Schwiegersohn auf seine Bitte hin suchte. Tief im Graben entdeckte er dabei eine gelb-glänzende Erzader, die zwar nicht das vermutete Gold, aber Kupferkies enthielt. Bis zum Jahre 1977 brachte der so wiederentdeckte Kupferbergbau den Bewohnern von Mühlbach Arbeit und Brot.

Auf den Wanderungen ums Arthurhaus kann man heute noch die enge Verflechtung von Bergbau und Almwirtschaft beobachten. Die Alm lieferte dem Bergknappen wichtige Nahrungsmittel, um Kraft für die harte Arbeit zu haben. In seiner knappen Freizeit konnte er sich den »Milchkreuzer« dazuverdienen, wenn er beispielsweise an der Errichtung von Steinmauern zur Abgrenzung von Weideflächen und Mähwiesen mitarbeitete. Der Liter Milch wurde für ihn so um 1 Kreuzer billiger. Der Preisverfall des Kupfers am Weltmarkt führte 1977 schließlich zur Stillegung des Bergwerks.

In Dienten wurde einst Eisen erzeugt; der Abbau von Erz geht dort bis in die Zeit der Illyrer, Kelten und Römer zurück. Als die Verhüttung im 19. Jahrhundert eingestellt wurde, traf das die Bewohner hart. Heute ist der Fremdenverkehr, voran der alpine Skilauf auf der Hochkönig-Skischaukel, die Haupteinnahmequelle der Dörfer am Hochkönig. Schon zu Beginn des 20. Jahrhunderts brachten norwegische Bergwerksdirektoren den Ski mit nach Mühlbach. Alpiner und nordischer Skilauf wurden seßhaft, und der legendäre Sepp Bradl baute ein berühmtes Skisprungzentrum aus. Die Dörfer beiderseits des Dientner Sattels, über den ein jahrhundertealter Saumweg führte, sind heute durch die Hochkönig-Bundesstraße im Osten an die Tauernbahn und Tauernautobahn sowie im Westen an das Pinzgauer Straßennetz angeschlossen. Während der Sommermonate verkehrt ein eigener Hochkönig-Wanderbus auf der Strecke Bischofshofen – Mühlbach – Dienten – Maria Alm – Saalfelden. Inhaber einer Gästekarte können mit

Blumengeschmücktes Haus im Dorfzentrum von Dienten

diesem Bus verbilligt fahren. Mit der Kabinenbahn »Karbachalm« und dem Lift zum Gabühel wird in Mühlbach und Dienten schwächeren und bequemeren Wanderern in den Sommermonaten an einigen Tagen der Woche eine Aufstiegshilfe angeboten.
Der lange Weg auf den Hochkönig bleibt hoffentlich immer eine Herausforderung für den ausdauernden und erfahrenen Alpinisten im Sommer und Winter. Hier, am höchsten Punkt der Berchtesgadener Alpen, steht seit 1855 ein Schutzhaus. So sehr der Hochkönig durch die Länge des Weges seine Gäste selbst auswählt, so unschwierig sind viele Wege zu seinen Füßen oder am südlich vorgelagerten Kamm der Schieferberge. Angesichts der gewaltigen Felsszenerie hat manche leichte Wanderroute, besonders ums Arthurhaus, auch großen Zulauf. Neben der Landschaft bietet Mühlbach Interessantes aus der Geschichte des Bergbaus in einem Museum, einem Schaustollen und auf einer Wanderung. Die Exponate und Fundstellen im Freien reichen zurück bis zur Bronzezeit.

17 Drei kleine Wanderungen ums Arthurhaus

Im Landschaftsschutzgebiet unter der Mandlwand

Arthurhaus – Hochkeil und zurück; Arthurhaus – Mitterfeldalm und zurück; Rundweg »Auf den Spuren der Bergleute«

Talorte: Bischofshofen, 556 m; Mühlbach am Hochkönig, 854 m.
Ausgangspunkt: Arthurhaus, 1502 m. Zufahrt mit Pkw von Mühlbach auf der Mandlwandstraße (8 km), gebührenpflichtiger Parkplatz, oder mit dem Hochkönig-Wanderbus.
Gehzeiten: Arthurhaus – Hochkeil und zurück 1½ Std. Arthurhaus – Mitterfeldalm und zurück 1¼ Std. Rundtour »Auf den Spuren der Bergleute« 1½ Std., Arthurhaus – Bischofshofen 2½ Std.
Höchste Punkte: Hochkeil, 1782 m; Mitterfeldalm, 1670 m.
Höhenunterschied: Hochkeil 280 m; Mitterfeldalm 170 m; Rundtour ca. 200 m.
Anforderungen: Leichte Wanderungen auf breiten, bequemen Wegen.
Einkehrmöglichkeiten: Arthurhaus (Gasthaus, bew. Dez. bis April und Mitte Mai bis Ende Okt., 40 B. + 24 L., Tel. 06467/7202), Mitterfeldalm (Gasthaus, 90 L. + B., ganzj. bew.), Sportahütte, Mandlwandhütte, Hochkeilhaus; beim Abstieg nach Bischofshofen Gasthaus Bürglhöh (Mo. Ruhetag).
Sehenswertes: Hochkönig mit Mandlwand, Tennengebirge, Dachstein, Niedere und Hohe Tauern vom Hochkeil; Spuren des Bergbaus aus der Bronzezeit und aus dem 19. Jh., interessantes Bergbaumuseum und Schaustollen in Mühlbach; Ruine Bachsfall mit Gainfeld-Wasserfall bei Bischofshofen.

Das mit Pkw und Bus erreichbare Wandergebiet ums Arthurhaus am Fuß der Mandlwand zieht jährlich Tausende von Besuchern an. Es bietet gut ausgebaute, leichte Wanderwege vor einer großartigen Felskulisse im Landschaftsschutzgebiet »Salzburger Kalkhochalpen«. Darüber hinaus ist es

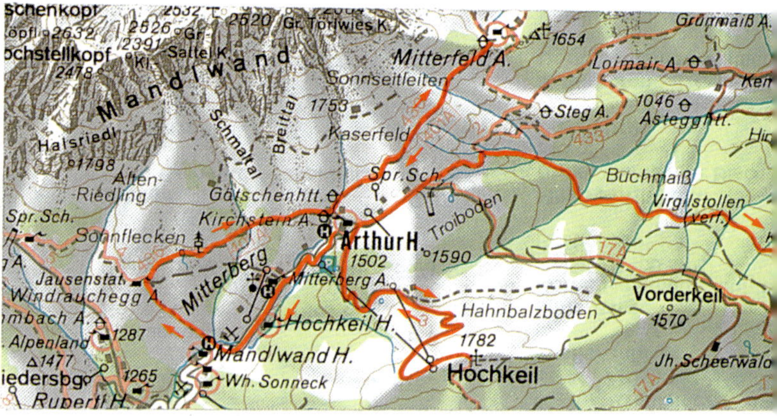

Blick von der Mitterfeldalm auf das Tennengebirge

geschichtsträchtiger Boden, in dem schon vor 4000 Jahren die Menschen nach Kupfererz schürften. Die Rundtour »Auf den Spuren der Bergleute« führt an prähistorischen Fundstellen und an Knappenhäusern des 19. Jahrhunderts vorbei und zeigt die enge Verflechtung von Bergbau und Almwirtschaft.

Vom Arthurhaus zum Hochkeil: Vor dem Arthurhaus rechts (südwärts) in den Wald und in weit ausholenden Schleifen auf breitem Wanderweg auf einen freien Rücken und ostwärts zum Gipfelkreuz (Weg Nr. 3). Auf gleicher Route wieder zurück.

Vom Arthurhaus zur Mitterfeldalm: Vom Arthurhaus auf einem Sträßchen (Weg Nr. 2) ostwärts, an sonnigen Hängen entlang auf eine weite Schulter auf der Ostseite der Mandlwände. Dort steht die Mitterfeldalm und gewährt eine prächtige Aussicht auf Salzachtal, Tennengebirge und Dachstein.

Rundweg »Auf den Spuren der Bergleute«: Der historische Rundgang (Weg Nr. 1) führt vor dem Arthurhaus in den Wald und parallel zur Mandlwandstraße talwärts. Er erreicht sie hinter einem Parkplatz wieder und folgt ihr bis zur Sportahütte. Dort überquert der Weg den Graben zur Rechten und steigt dahinter über Weidehänge zur Windraucheggalm an. Hier biegt man rechts ab und kehrt auf dem oberen (!) von zwei ostwärts ziehenden, breiten Wanderwegen zum Arthurhaus zurück. Sehr gutes Informationsmaterial zur Geschichte des Bergbaus ist im Verkehrsbüro Mühlbach erhältlich.

Da vom Arthurhaus eine gute Busverbindung nach Bischofshofen besteht, kann man auf dem im Winter als Touristenabfahrt präparierten »Knappensteig« zum Gasthaus Bürglhöh hinabwandern. Dahinter führt eine romantische Steiganlage über die Ruine Bachsfall und den Gainfeld-Wasserfall zur Stadt an der Salzach hinab.

18 Hochkönig, 2941 m

Der König der Berchtesgadener Alpen

Arthurhaus – Mitterfeldalm – Übergossene Alm – Matrashaus und zurück

Talort: Mühlbach am Hochkönig, 854 m.
Ausgangspunkt: Arthurhaus, 1502 m. Zufahrt von Mühlbach mit Pkw oder Hochkönig-Wanderbus auf der Mandlwandstraße.
Gehzeiten: Arthurhaus – Mitterfeldalm gut ½ Std., Mitterfeldalm – Matrashaus am Hochkönig 5 Std., Matrashaus – Mitterfeldalm – Arthurhaus 3½ Std.; Gesamtgehzeit 9–10 Std. Wegen der Länge der Tour ist eine Übernachtung auf dem Matrashaus zu empfehlen. Bei einer Nächtigung auf der Mitterfeldalm kann die Tour geringfügig verkürzt werden.
Höchster Punkt: Hochkönig, 2941 m.
Höhenunterschied: 1500 m.
Anforderungen: Neben einer stabilen Schönwetterlage und ausreichenden Sichtverhältnissen erfordert die Tour zum Hochkönig eine ausgezeichnete Kondition, an einigen Stellen auch Trittsicherheit, vor allem aber festes Schuhwerk, wetterfeste und auch warme Kleidung, Erfahrung im hochalpinen Gelände und frühzeitigen Aufbruch! Genügend Flüssigkeit mitnehmen! Das Unglück im Sommer 1993 mit zwei Toten beweist einmal mehr, daß man die Tour zum Hochkönig nicht unterschätzen darf.
Einkehrmöglichkeiten: Arthurhaus (40 B. + 24 L., bew. Dez. bis April und Mitte Mai bis Ende Okt., Tel. 06467/7202), Mitterfeldalm (fast ganzj. bew., 10 B. + 80 L., Tel. 0663/69943), Franz-Eduard-Matras-Haus am Hochkönig (ÖTK, 20 B. + 122 L., bew. Ende Juni bis Mitte Okt., Tel. 06467/7566).
Sehenswertes: Das Landschaftsbild am Ochsenkar (Torsäule), das Panorama am Hochkönig: Berchtesgadener Alpen mit Watzmann, Hochkalter, Hundstod und Steinernem Meer, Tennengebirge und Dachstein, Niedere und Hohe Tauern mit Großglockner und Großvenediger, der Sonnenauf- und -untergang am Hochkönig.

Auf der Übergossenen Alm, im Hintergrund der Hochkönig mit dem Matrashaus

Die Tour auf den Hochkönig, den höchsten Gipfel der Berchtesgadener Alpen, ist das Nonplusultra der hier vorgestellten Wanderungen. Die unter »Anforderungen« genannten Punkte sind ausnahmslos zu beachten! Diese Bergfahrt ist bei günstigen Bedingungen und entsprechender Ausrüstung und Kondition ein großes, ein »königliches« Erlebnis.

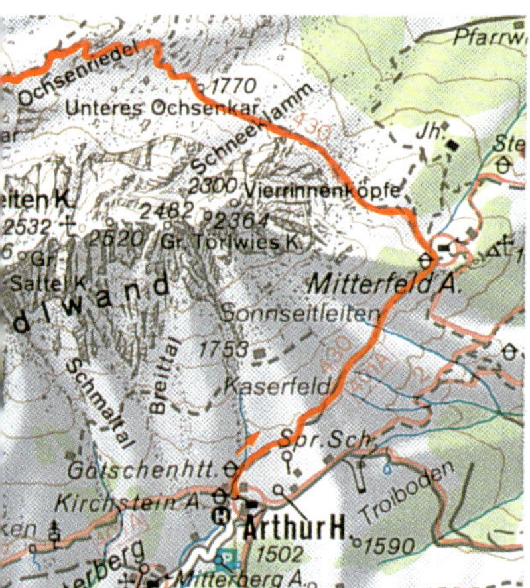

Vom **Arthurhaus** wandert man auf breitem Weg zur **Mitterfeldalm**, steigt kurz dahinter am Sockel der Mandlwand ins Ochsenkar ab (versicherte Stelle) und müht sich anschließend über den **Ochsenriedel** zum Fuß der Torsäule hinauf, wo man die Hälfte des Anstieges bewältigt hat. Durch den Kessel des Oberen Ochsenkars und eine felsige Passage des Sommerweges erreicht man das Firnfeld der sagenumwobenen **Übergossenen Alm**, wo auch das neue Matrashaus auf der Felskuppe des Hochkönigs sichtbar wird. Eine letzte Felsbarriere ist auf dem Weg zum Gipfel noch zu überwinden.

Abstieg wie Aufstieg.

19 Vom Arthurhaus zum Dientner Sattel

Große Schau am Sockel des Hochkönigmassivs

Arthurhaus – Wiedersbergalm – Dientner Sattel

Talorte: Mühlbach am Hochkönig, 854 m; Dienten am Hochkönig, 1078 m.
Ausgangspunkt: Arthurhaus, 1502 m. Zufahrt von Mühlbach mit Pkw oder Hochkönig-Wanderbus auf der Mandlwandstraße.
Gehzeiten: Arthurhaus – Dientner Sattel 3 Std.
Höchster Punkt: Wiedersbergalm, 1542 m.
Höhenunterschied: Ca. 200 m.
Anforderungen: Breite und gut markierte Wanderwege mit zwei Gegenanstiegen, jedoch ohne großen Höhenunterschied.
Einkehrmöglichkeiten: Arthurhaus (privat, bew. Dez. bis April und Mitte Mai bis Ende Okt., 40 B. + 24 L., Tel. 06467/7202), Wiedersbergalm (Brandstätthütte, bew. Juni mit Sept.), Riedingalm (bew. Juni mit Sept.), Birgkarhaus (privat, ganzj. bew., 60 B., Tel. 06467/7287), Erichhütte (AV, bew. Anfang Juni bis Mitte Okt., 6 B. + 20 L.).
Sehenswertes: Die Kulisse von Hochkönigmassiv und Mandlwänden über prächtigen Almen; Blick auf Gosaukamm und Dachstein im Ostteil, auf Glocknergruppe im Westteil der Wanderstrecke.
Varianten: 1. Die Wanderung kann auch in Gegenrichtung durchgeführt werden, dabei sind aber mehr Anstiegsmeter zu überwinden.
2. Um ¾ Std. länger wird die Tour, wenn man auch die Erichhütte noch besucht und von dort zum Dientner Sattel absteigt.
3. Es besteht die Möglichkeit, von der Wiedersbergalm zur Kopphütte abzusteigen und über die Mandlwandstraße zum Arthurhaus zurückzukehren (Rundtour, zeitlich etwas länger).

Die Wanderung vom Arthurhaus zum Dientner Sattel hat zu Recht viele Freunde. So ist es verständlich, daß etwa an sonnigen Herbstwochenenden auf der vorgeschlagenen Route Kind und Kegel unterwegs sind, um das

Auf der Südseite des Hochkönigs in der Nähe des Birgkarhauses

weitläufige, abwechslungsreiche Almgelände unter der Prachtkulisse der Mandlwände und den gewaltigen Mauern des Hochkönigmassivs zu bewundern. Die Rückkehr vom Dientner Sattel nach Mühlbach bzw. zum Arthurhaus kann man bequem mit dem Hochkönig-Wanderbus erledigen.

Gleich hinter dem **Arthurhaus** führt ein breiter Wanderweg nahezu höhengleich zur Windraucheggalm, dahinter in das Riedingtal hinab und jenseits des Grabens an zwei Natursprungschanzen vorbei zur **Wiedersbergalm** hinauf. Über prächtige Bergweiden geht es westwärts ins steinige, von Latschenfeldern besetzte Birgkar und jenseits der riesigen Karmulde und der Weiden der Stegmoosalm nach links durch einen Waldgürtel zum Birgkarhaus am **Dientner Sattel** hinab oder um den südseitigen Rücken der Taghaube herum zur Erichhütte, von der ein Sträßchen zum großen Parkplatz nahe dem Dientner Sattel hinabführt.

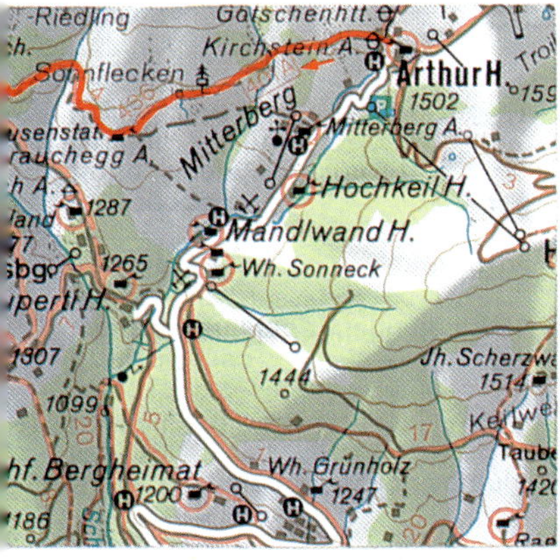

20 Vom Filzensattel zum Dientner Sattel

Alm- und Hüttenwanderung am Fuße des Hochkönigmassivs

Filzensattel – Pichlalm – Erichhütte – Dientner Sattel – Übergossene Alm – Filzensattel

Talorte: Dienten am Hochkönig, 1078 m; Hinterthal, 1016 m.
Ausgangspunkt: Filzensattel, 1291 m, erreichbar mit Pkw oder Bus (BB-Linie 3400 und Hochkönig-Wanderbus).
Gehzeiten: Filzensattel – Pichlalm ½ Std., Pichlalm – Erichhütte 1½ Std., Erichhütte – Dientner Sattel ½ Std., Dientner Sattel – Übergossene Alm – Mitteregg – Filzenkapelle – Filzensattel 1½ Std.; Gesamtgehzeit 4 Std.
Höchster Punkt: Erichhütte, 1546 m.
Höhenunterschied: Ca. 500 m im mehrfachen Auf und Ab.
Anforderungen: Wanderwege, Sträßchen und verkehrsreiche Straßen.
Einkehrmöglichkeiten: Pichlalm (bew. Juni mit Sept.), Erichhütte (AV, bew. Anfang Juni bis Mitte Okt., 6 B. + 20 L.), Gasthaus Übergossene Alm.
Sehenswertes: Felsflanken um den Lammkopf, Dientner Schieferberge, Glocknergruppe, östliche Kitzbüheler Alpen, Birnhorn.
Varianten: 1. Vom Dientner Sattel in Gegenrichtung über die Erichhütte zum Filzensattel und zurück, ca. 4 Std.
2. Den Rückweg vom Dientner Sattel zum Filzensattel kann man auch mit dem Hochkönig-Wanderbus zurücklegen; die Tour verkürzt sich dann auf insgesamt 2½ Std. und ist weniger gefährlich.

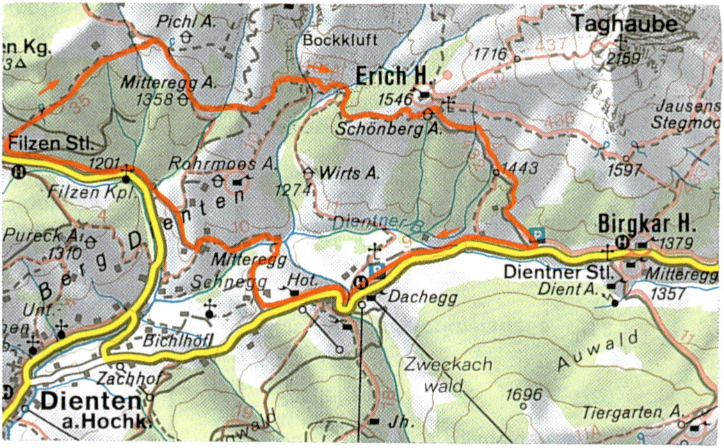

Unter den wilden Südabstürzen des westlichen Hochkönigstocks, am Fuße des Lammkopfes, findet der Wanderer ein abwechslungsreiches Almgelände vor. Eine lohnende Route führt vom Filzensattel zum Dientner Sattel, und sie

Zwischen Filzensattel und Dientner Sattel: Lammkopf (links) und Hochkönig (Mitte)

erreicht bei der Erichhütte am Fuße der Taghaube ihren höchsten Punkt.
Vom Filzensattel auf Weg Nr. 35 kurz über eine Wiese, dann durch Wald um den Filzenkogel herum zur **Pichlalm**. Auf einem Sträßchen folgt man dem Ww. »Erichhütte« talwärts zu zwei Hütten und einem Wäldchen unter der Mittereggalm, wo links ein Weg abzweigt. Dieser führt zuerst ziemlich höhengleich über Wiesen, dann durch Wald in einen Graben und zum Zusammenfluß zweier Bäche hinab. Etwas oberhalb desselben überquert er die Wasserläufe und gewinnt über einen steilen Waldweg die Weiden der Schönbergalm, die zusammen mit der **Erichhütte** oberhalb des Waldes sichtbar wird. Ein breiter Pfad führt zu den beiden hinauf. Von hier folgt man einem Sträßchen zum **Dientner Sattel** hinab.
Der **Rückweg** zum Filzensattel führt zuerst 2 km an der Straße entlang in Richtung Dienten, zweigt hinter dem Gasthaus »Übergossene Alm« rechts nach Schnegghof/Mitteregg und zur Filzenkapelle ab, bei der er wieder in die Straße mündet, die 1 km zum Ausgangspunkt Filzensattel hinaufführt.

21 Erichhütte und Taghaube, 2159 m

Aussichtsloge vor wilder Felsszenerie

Parkplatz westlich des Dientner Sattels – Erichhütte – Taghaube und zurück

Talorte: Mühlbach am Hochkönig, 854 m; Dienten am Hochkönig, 1078 m.
Ausgangspunkt: Parkplatz 400 m westlich des Dientner Sattels, ca. 1350 m. Haltestelle des Hochkönig-Wanderbusses Bischofshofen – Saalfelden.
Gehzeiten: Parkplatz – Erichhütte ½ Std., Erichhütte – Taghaube 1¾ Std., Taghaube – Dientner Sattel 1¾ Std.; Gesamtgehzeit 4 Std.
Höchster Punkt: Taghaube, 2159 m.
Höhenunterschied: 800 m.
Anforderungen: Sträßchen zur Erichhütte, steiler Steig zur Taghaube, sehr viel Trittsicherheit und Schwindelfreiheit erforderlich, nicht bei Nässe.
Einkehrmöglichkeiten: Erichhütte (AV, bew. Anfang Juni bis Mitte Okt., 6 B. + 20 L.), Birgkarhaus (privat, ganzj. bew., 60 B.).
Sehenswertes: Ausblick von der Taghaube auf die Südabstürze des Hochkönigmassivs, den Dachstein, die Niederen und Hohen Tauern mit Großglockner, Wiesbachhorn u.a.

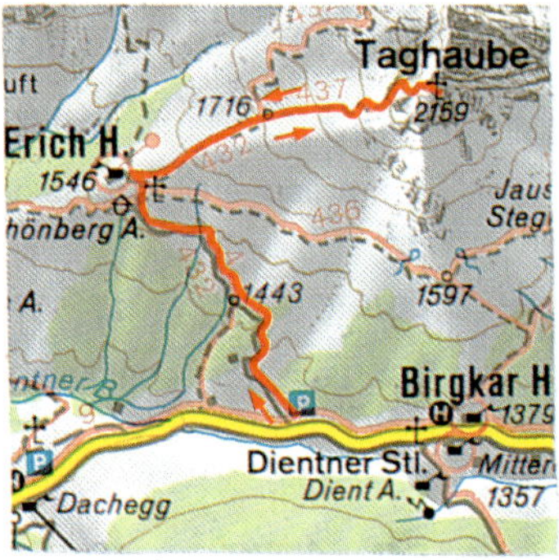

Blick von der Taghaube zu den Mandlwänden (links) und zum Dachstein (hinten)

Bei der Erichhütte: Blick zum Hochkönigstock

Die Taghaube ist der südlichste Eckpunkt eines vom Hochkönigstock abstreichenden Kammes mit großartiger Aussicht; die Anstiegsroute ist bei der Anreise von Dienten sehr gut einzusehen.
Vom Parkplatz nahe dem **Dientner Sattel** führt ein Sträßchen zur **Erichhütte**. Hier zweigen nach rechts die gemeinsamen Routen zum Hochkönig und zur Taghaube ab, die sich nach ca. ½ Std. trennen. Der rechte Steig führt über einen Latschen- und Schrofenrücken und zuletzt über felsiges Gelände (kleine Leiter unter dem Gipfel) steil auf die **Taghaube**, die im Naturschutzgebiet »Salzburger Kalkhochalpen« liegt.
Der **Rückweg** ist mit der Anstiegsroute identisch.

22 Über den Schneeberg, 1939 m

Im hohen Bogen von Mühlbach nach Dienten

Karbachalm – Schneeberg – Kollmannsegg – Wastlhöhe – Bürglalm – Dienten

Blick vom Schneeberg zum Hochkönig

Der Schneebergkamm zwischen Mühlbach und Dienten ist heute vielfach mit Liftanlagen überzogen und speziell im Winter stark bevölkert. Die Kabinenbahn von Mühlbach nimmt auch dem Wanderer im Sommerhalbjahr einige Anstiegsmühe auf dem Weg zum Schneeberg ab, den – wie fast alle Dientner Schieferberge – ein hoher Aussichtswert charakterisiert. Wer den Berg außerhalb des Liftbetriebs besteigen will, sei auf Variante 1 verwiesen.

Von der **Karbachalm** auf Weg Nr. 12 ostseitig um einen Bergrücken herum und entlang eines Grabens zur Mühlbacher Skihütte (Brunnen). Nun rechts auf einen Rücken, entlang desselben zur Bergstation eines Lifts, sodann über Mulden und Rücken auf den Vorgipfel und über einen weiten Sattel hinweg zum Kreuz am Hauptgipfel des **Schneeberg**. Am Anstiegsweg ganz kurz zurück, dann dem

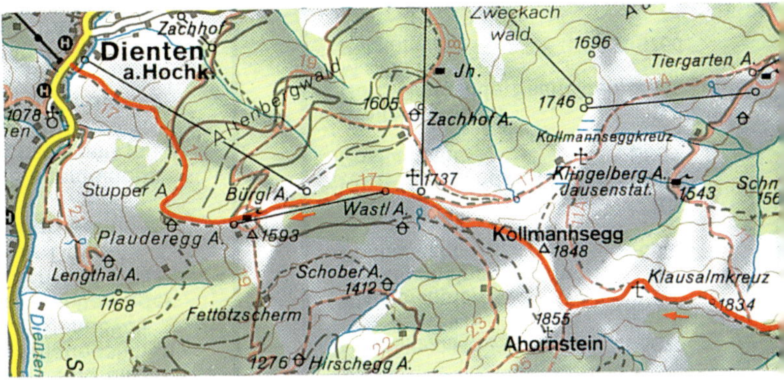

Ww.»Bürglalm« (Weg Nr. 11) westwärts über den welligen Kamm zum **Kollmannsegg** und zur **Wastlhöhe** (Schleppliftstation) folgen. Über einen von Wald gesäumten Wiesenrücken führt der Weg Nr. 17 zur **Bürglalm** und dahinter über **Plauderegg** nach **Dienten** hinab.

Talorte: Mühlbach, 854 m, oder Dienten, 1078 m, am Hochkönig.

Ausgangspunkt: Mühlbach, Liftparkplatz am Westende des Dorfes, ca. 900 m, bzw. Bergstation an der Karbachalm, ca. 1570 m. Die Bergbahn ist von Mitte Juni bis Mitte Okt. nur am Mi. u. So. bei schönem Wetter von 9.30 bis 12 Uhr und von 13 bis 17 Uhr in Betrieb (Tel. 06467/7214). Erreichbar mit Hochkönig-Wanderbus.

Gehzeiten: Karbachalm – Schneeberg 1½ Std., Schneeberg – Klausalmkreuz – Kollmannsegg – Wastlhöhe – Bürglalm 2 Std., Bürglalm – Dienten 1¼ Std.; Gesamtgehzeit 4½ bis 5 Std.

Höchste Punkte: Schneeberg, 1921 m; Schneebergkreuz, 1939 m, Kollmannsegg, 1848 m; Wastlhöhe, 1737 m.

Höhenunterschied: Ca. 700 m bei mehrfachem Auf und Ab.

Anforderungen: Wanderwege und Steige zumeist in Kammlage, Schwierigkeit blau bis Schneebergkreuz, dahinter an kurzen Stellen rot; stabile Wetterlage mit ausreichender Sicht erforderlich! Rückfahrt von Dienten nach Mühlbach mit dem Hochkönig-Wanderbus.

Einkehrmöglichkeiten: Karbachalm (bew. 10–16.30 Uhr bei Liftbetrieb, Tel. 06467/7281), Bürglhütte (bew. Anfang Juni bis Mitte Okt.), Sunnhüttl und Birgkarhaus (nur bei Abstieg vom Kollmannsegg nach Norden), Plaudereggalm (bew. Juni mit Sept).

Sehenswertes: Umfassende Aussicht vom Schneeberg auf Kitzbüheler Alpen, Wilden Kaiser, Loferer und Leoganger Steinberge, Steinernes Meer, Hochkönig, Tennengebirge, Dachstein, Niedere und Hohe Tauern; Bergbaumuseum und Schaustollen in Mühlbach, Kirche und Dorfplatz Dienten.

Varianten: 1. Für Tage ohne Liftbetrieb erfolgt der kürzeste Anstieg zum Schneeberg vom Dientner Sattel in gut 2 Std.
2. Abstieg vom Kollmannsegg über das Sunnhüttl zum Dientner Sattel (ca. 1 Std. kürzer, Haltestelle Hochkönig-Wanderbus).
3. Von der Bürglhütte zum Gasthaus Übergossene Alm (zeitlich kaum kürzer).

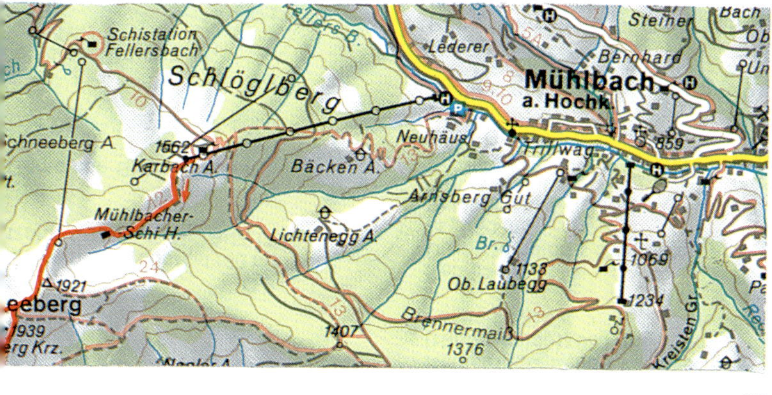

23 Über den Gabühel zur Lettenalm

Schattige Waldwege und sonnige Bergweiden

Filzensattel – Gabühel – Lettenalm – Sommereralm – Filzensattel

Talorte: Dienten am Hochkönig, 1078 m; Hinterthal, 1016 m.
Ausgangspunkt: Filzensattel, 1291 m. Erreichbar mit BB-Linie 3400 und Hochkönig-Wanderbus.
Gehzeiten: Filzensattel – Gamsbichelhütte 1¼ Std., Gamsbichelhütte – Lettenalm 1¼ Std., Lettenalm – Sommereralm – Filzensattel 1½ Std., über Grünegg 2 Std.; Gesamtgehzeit 4 Std., über Grünegg gut 4½ Std.
Höchste Punkte: Gabühel, 1634 m, Grünberg, 1714 m.
Höhenunterschied: Ca. 700 m mit Gegenanstiegen.
Anforderungen: Breite Forststraßen, unschwierige, gut markierte Wald- und Wiesenwege. Nasse Bergweiden um die Sommereralm (festes Schuhwerk!).
Einkehrmöglichkeiten: Gamsbichelhütte bei Liftbetrieb (siehe Variante 2!), Lettenalm (bew. Mitte Juni bis Ende Sept.), Grünegg (Gasthaus und alte Mühle, bew. Mai bis Okt.), Almhäusl (Jausenstation zwischen Dienten und Gabühel).
Sehenswertes: Westlicher Hochkönigstock und Dientner Sattel, Niedere Tauern, z.T. auch Steinernes Meer. Im Herbst reiches Beerenvorkommen im bewaldeten Kammbereich; Dorfkern und Kirche Dienten.
Varianten: 1. Filzensattel – Grünegg und zurück (Forststraße, ca. 2½ Std.).
2. Mit Lift von Dienten zum Gabühel (im Sommer an 2 Tagen in der Woche in Betrieb). Rückweg nach Dienten: Abstieg auf Weg Nr. 4 über Almhäusl (ca. 1½ Std.) oder Rundtour Gabühel – Lettenalm – Sommereralm – Grünegg – Dienten (ca. 3 Std.).

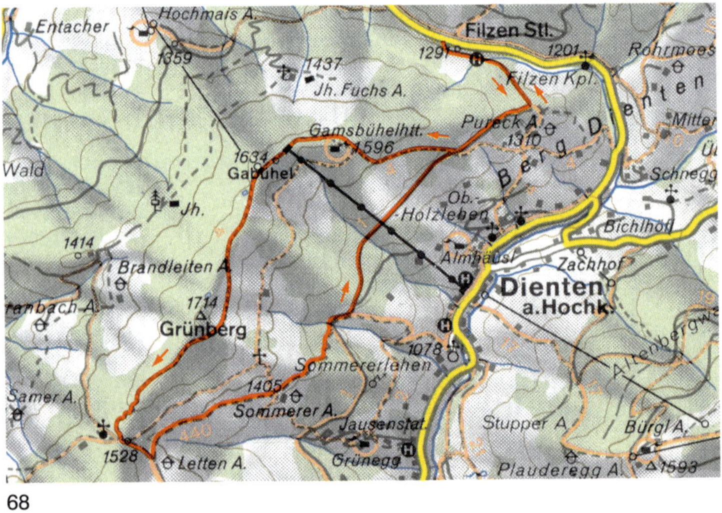

Wenn auch der Kammwanderung über den Gabühel die Dramatik fehlt, so findet sie gerade bei Freunden von Wald- und Almwegen guten Anklang.
Auf breiter Forststraße wandert man vom **Filzensattel** (Ww. »Grünegg«) ostseitig um einen Rücken herum, bis zur Rechten das Sträßchen zum Gabühel abzweigt und sich nach einer Schleife rechts der Wanderweg Nr. 4 anbietet, dem man entlang einer langen Schneise und zuletzt am Rand einer Skiabfahrt zur **Gamsbichelhütte** folgt. Über die Bergstation des Lifts führt zunächst ein Sträßchen, dann ein langer Waldweg etwas unterhalb der Kammhöhe wellig zu einem Sattel, wo man auf eine Forststraße trifft; ihr folgt man links zur **Lettenalm**. Unmittelbar davor steigt man über Bergweiden zu der bereits sichtbaren **Sommereralm** ab. Hier gabelt sich der Weg: Rechts geht es nach Grünegg weiter, links zuerst auf einem Waldweg talwärts, dann auf breiter Forststraße im Gegenanstieg zum **Filzensattel** zurück.

Unterwegs zum Gabühel. Dientner Tal und Sattel mit Hochkönigstock

Tourengebiet Steinernes Meer: Hinterthal – Maria Alm – Saalfelden – Leogang

Das Tourengebiet um Saalfelden am Steinernen Meer nimmt im Rahmen dieses Wanderführers in mehrfacher Hinsicht eine Art Spitzenstellung ein. Durch die Weite des Saalfeldener Kessels konnte sich nicht nur die Bebauung und Wirtschaft stärker als anderswo entfalten, auch das Landschaftsbild mit seiner großartigen Felskulisse – von den nahen Südflanken des Steinernen Meeres bis hin zu den fernen Firnspitzen der Glocknergruppe – kommt hier voll zur Geltung. Die weicheren Gebirgsformen der dazwischenliegenden Kitzbüheler Alpen und Salzburger Schieferberge unterstreichen den Kontrast zum grauen Fels bzw. zum Schnee. Mit einem gewissen Stolz nennen die Einheimischen das Sonnenbecken von Saalfelden auch »Festsaal des Pinzgaues«. Dieser Festsaal begegnet uns mit den in Seitentälern und landschaftlichen Nischen geborgenen Bergdörfern Leogang, Hinterthal und vor allem Maria Alm am Steinernen Meer immer wieder auf Ansichtskarten und Kalenderblättern.
In Saalfelden treffen sich die Westbahn und die Saalachtal-Bundesstraße als bedeutende Zubringer. Hier war schon vor Zeiten ein wichtiger Umschlagplatz für den Saumhandel über die Hohen Tauern, auf dem mit Salz aus dem Norden, Eisen aus Dienten sowie Silber und Blei aus Leogang gehandelt wurde. An die Stelle des Bergbaus, der bis auf die Bronzezeit zurückgeht, ist, wie vielerorts in den Alpen, der Fremdenverkehr als bedeutender Wirtschaftsfaktor getreten. Um den Saalfeldener Kessel ist die intensivste Verliftung des Wandergebietes zu verzeichnen. Sie beschränkt sich auf die Kitzbüheler und Dientner Wald- und Wiesenberge, bietet aber jedem der vier Orte seine eigene Bergbahn.
Dem Steinernen Meer blieb dies erspart. Das ist von unschätzbarem Wert! Die Zugänge in diese schützenswerte Felswildnis sind somit der Bequemlichkeit verschlossen, sie stehen nur dem Gehfreudigen offen und sind nur mit Schweiß zu gewinnen. Im Bereich von Leogang beschränkt sich das Tourenangebot auf die Steinberge nördlich des Dorfes; der Süden des Ortes ist im Wanderführer »Pinzgau« enthalten. Touren zu den imposanten Gipfeln am Südrand des Steinernen Meeres oder quer durch diese Karsthochfläche zählen ebenso zu den Höhepunkten eines Bergjahres wie eine Wanderung auf die Aussichtswarte des Hundstein. Die Attraktivität des Tourengebietes um Saalfelden und Maria Alm lockt jedes Jahr viele Touristen ins Land.
Auf das traditionsreiche Brauchtum während des Bergsommers im Mitterpinzgau sei noch besonders hingwiesen. Da sind die Ende Juni auf den Leoganger Steinbergen, am Steinernen Meer und Hochkönig zu Hunderten brennenden Sonnwendfeuer. Es ist bei gutem Wetter ein Erlebnis, gleichgültig ob man selbst ein Glied in dieser Lichterkette bildet oder sie aus der Froschperspektive, etwa vom Ritzensee in Saalfelden, bewundert. Eine bei

Pfarrhof (Widum) und Wallfahrtskirche von Maria Alm mit Selbhorn

Einbruch der Dunkelheit in Saalfelden abgefeuerte Leuchtrakete gibt das Signal und läßt innerhalb weniger Minuten Hunderte von Bergfeuern zum Sommerbeginn aufflammen. Ein kulturhistorisch bemerkenswertes Ereignis ist Ende Juli das traditionelle Jakobi-Ranggeln (eine Art Freistilringen) am Hundstein. Einen Markstein im Brauchtumszyklus bildet jährlich am Samstag nach dem 24. Aug. die Wallfahrt von Maria Alm über das Steinerne Meer nach St. Bartholomä am Königssee. Sie geht auf ein Gelübde aus der Pestzeit zurück und wird seit 1661 durchgeführt. Durch Zubringer- und Abholdienste ist sie hervorragend organisiert. Etwa einen Monat später läuten die Kühe mit ihren Glocken beim Almabtrieb das Ende des Bergsommers ein.

24 Bertgenhütte, 1845 m

Stille Selbstversorgerhütte in wilder Felsumrahmung

Hinterthal – Bertgenhütte – Mußbachalm – Hinterthal

Talort/Ausgangspunkt: Hinterthal, 1016 m.
Gehzeiten: Hinterthal – Bertgenhütte 2¾ Std., Bertgenhütte – Poschalm – Mußbachalm ca. 1½ Std., Mußbachalm – Hinterthal ½ Std.; Gesamtgehzeit ca. 5 Std.
Höchster Punkt: Bertgenhütte, 1845 m.
Höhenunterschied: Ca. 900 m incl. kleiner Gegenanstieg.
Anforderungen: Wanderwege und Steige.
Einkehrmöglichkeiten: Auer- und Mußbachalm (bew. Juni mit Sept.). Die Bertgenhütte (ÖTK, 8 L.) ist eine Selbstversorgerhütte und nicht bewirtschaftet.
Sehenswertes: Das riesige, von gewaltigen Felswänden gesäumte, düstere Schneekar.
Variante: Der Anstieg von der Bertgenhütte über die Teufelslöcher zum Hochkönig bleibt nur ausdauernden, geübten und im Hochgebirge erfahrenen Bergsteigern bei günstigen Verhältnissen vorbehalten, 3½ Std., Schwierigkeit schwarz!

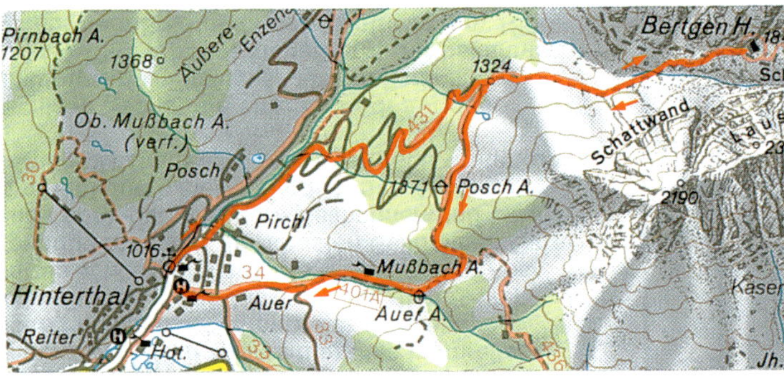

Wie ein Schwalbennest klebt die unbewirtschaftete Bertgenhütte an einer Felswand auf der Nordseite einer wilden Felsarena. Nur wenn die Sonne ausreichend hoch steht, können ihre Strahlen die kleine Hütte erreichen.

Der auch für den Wanderer gangbare, interessante Hüttenanstieg in das romantische Schneekar führt von **Hinterthal** auf einem Forststräßchen (Weg 431) zuerst am Bach entlang, dann in Schleifen bergwärts. Dabei kann man den alten, markierten Steig vorteilhaft als Abkürzung nehmen. Im Kar geht es zuerst rechts eines breiten Grabens, dann links desselben über eine schwach ausgeprägte Latschenrippe zur kleinen, versteckten **Bertgenhütte** hinauf.

Der **Abstieg** führt am kürzesten auf der Anstiegsroute nach Hinterthal zurück. Beim Karausgang kann man aber auch links auf Weg 436 abzweigen und über die **Poschalm** zu einer weiteren Wegverzweigung hinter einem Waldgürtel absteigen, wo es rechts zum Anger der **Mußbachalm** und nach **Hinterthal** hinabgeht.

Die Teufelslöcher liegen auf dem Anstieg von der Bertgenhütte zum Hochkönig

25 Marbachhöhe, 1814 m

Schattige Waldwege und sonnige Almen

Hintermoos – Lettenalm – Marbachhöhe – Geralm – Eggeralm – Hintermoos

Talort: Maria Alm, 802 m; Hinterthal, 1016 m.
Ausgangspunkt: Bundessportschule Hintermoos zwischen Maria Alm und Hinterthal, 1028 m. Haltestelle des Hochkönig-Wanderbusses in Hintermoos. Parkmöglichkeiten entlang der Nebenstraße nach Hintermoos.
Gehzeiten: Hintermoos – Lettenalm gut 2 Std., Lettenalm – Marbachhöhe 1¼ Std., Marbachhöhe – Geralm ¾ Std., Geralm – Eggeralm – Hintermoos 1¼ Std.; Gesamtgehzeit ca 5½ Std.
Höchster Punkt: Marbachhöhe, 1814 m.
Höhenunterschied: 800 m.
Anforderungen: Almstraßen und Steige.
Einkehrmöglichkeiten: Lettenalm, Geralm, Eggeralm (alle bew. Mitte Juni bis Ende Sept.).
Sehenswertes: Steinberge, Steinernes Meer, Hochkönig, Dachstein; Hochbiotope im Bereich des Grünköpfls abseits des Weges.
Varianten: 1. Von der Lettenalm zurück zur Grinnkapelle, davor links durch einen weiten Waldgürtel zu den Wiesen der Geralm, kurz vor dieser rechts zur Eggeralm und nach Hintermoos, ca. 1 Std. kürzer.
2. Von der Marbachhöhe am Kamm südwärts zur Klingspitze, ca. ½ Std.

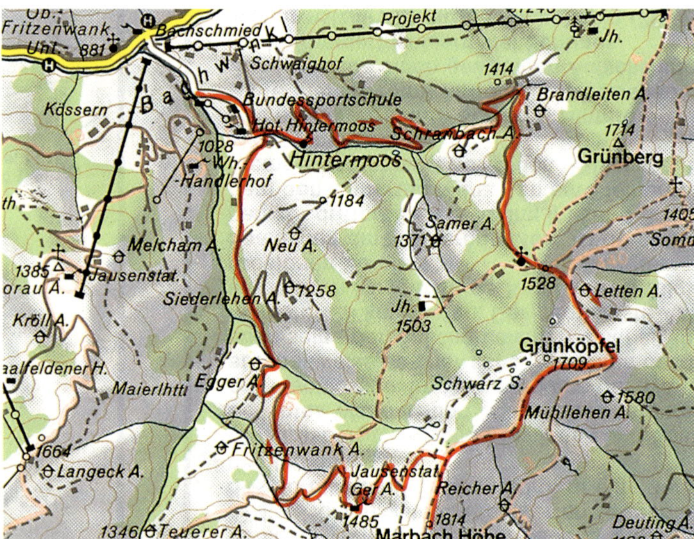

An der Lettenalm – im Hintergrund der Hochkönig

Die hier vorgestellte Rundtour von Hintermoos über die Marbachhöhe ist eine typische Almwanderung. Schattige Waldwege und sonnige Almwiesen mit einer prächtigen Aussicht auf die zentralen Gebirgsgruppen dieses Wanderführers, das Steinerne Meer und den Hochkönig, drücken ihr den Stempel auf.

Von **Hintermoos** folgt man dem Almsträßchen zur Lettenalm zuerst an einem Graben entlang, dann kurz über freies Gelände, ehe es in mehreren Schleifen über bewaldete Hänge zur Höhe zieht. Bei einer Verzweigung vor der Schranbachalm geht man auf dem linken Sträßchen weiter und tritt hinter der Grinnkapelle zu den Weiden der **Lettenalm** hinaus. Auf breitem Wanderweg geht es ostseitig um das Grünköpfl herum, dann zweigt zur Rechten ein unscheinbares (!) Steiglein ab, das zur **Marbachhöhe** hinaufführt. An der Scharte vor der bescheidenen Anhöhe steigt man westseitig zur **Geralm** ab und wandert von dort auf einem Almsträßchen über die **Eggeralm** nach **Hintermoos** hinaus.

26 Über das Langeck zum Hundstein, 2117 m

Aussichtskuppe der Superlative

Thoraualm/Bergstation – Langeck – Hundstein/Statzerhaus – Neuhausalm – Eggeralm – Talstation in Bachwinkl

Talorte: Maria Alm, 802 m; Hinterthal, 1016 m.

Ausgangspunkt: Bachwinkl/Hintermoos zwischen Maria Alm und Hinterthal, Haltestelle des Hochkönig-Wanderbusses; Doppelsesselbahn Schwarzeckalm – Bergstation, ca. 1440 m (Betriebszeiten: Ende Juni bis Ende Sept., Mi. u. So. von 9–17 Uhr, Tel. 06584/7661).

Gehzeiten: Bergstation – Langeck 1½ Std., Langeck – Hundstein gut 1 Std., Hundstein – Langeck – Neuhausalm 1¼ Std., Neuhausalm – Eggeralm – Talstation 1½ Std.; Gesamtgehzeit ca. 5¼ Std.

Höchste Punkte: Langeck, 1899 m; Hundstein, 2117 m.

Höhenunterschied: Knapp 800 m incl. Gegenanstiege.

Anforderungen: Breite Wanderwege und Almsteige.

Einkehrmöglichkeiten: Statzerhaus am Hundstein (ÖTK, bew. Pfingsten bis Ende Sept. durchgehend, im Okt. nur bei günstiger Witterung, 30 L. + B., Tel. 06542/4438), Thoraualm, Neuhausalm, Eggeralm, Abergalm, Wastlalm (alle bew. Juni bis Ende Sept., z.T. bis Mitte Okt.).

Sehenswertes: Umfassendes Panorama am Hundstein: Kitzbüheler Alpen, Wilder Kaiser, Leoganger Steinberge, Steinernes Meer, Hochkönig, Dachstein, Ennstaler Alpen, Schladminger und Radstädter Tauern, Ankogel-, Goldberg-, Glockner- und Venedigergruppe, Zillertaler Alpen, Zeller See; Hundstein-Ranggeln am Sonntag um Jakobi (25. Juli).

Variante: Beliebter An- und/oder Abstieg zum und vom Langeck auf der Route Thoraualm – Abergalm – Steinerne Mandl – Langeck, knapp ½ Std. länger und reizvoller.

Beim Jakobi-Ranggeln am Hundstein

Der Hundstein ist der höchste Punkt der Dientner Schieferberge und vereinigt in sich die Vorzüge vieler Gipfel dieser Gruppe. Bei guter Sicht bietet er ein Panorama der Superlative, und mit dem Statzerhaus auf seinem Gipfel ergeben sich viele verschiedene Möglichkeiten für Bergwanderungen (siehe Tour 27!). Schade, daß durch Straßen arge Wunden in den Berg gerissen wurden.

Von der **Bergstation** wandert man auf einem Sträßchen zur Schreineralm, dann auf einer markierten Abkürzung entlang der Abfahrtstrasse zum **Langeck**. Dahinter steigt man in eine Scharte ab und folgt der Straße bzw. dem Wanderweg entlang des Kammes auf den unübersehbaren Hundstein zu.

Der **Abstieg** führt zunächst zur Scharte beim Langeck zurück, dann rechts über Osthänge zur **Neuhausalm** hinab und auf einem Almsträßchen über die **Eggeralm** nach **Hintermoos** und zur Talstation zurück.

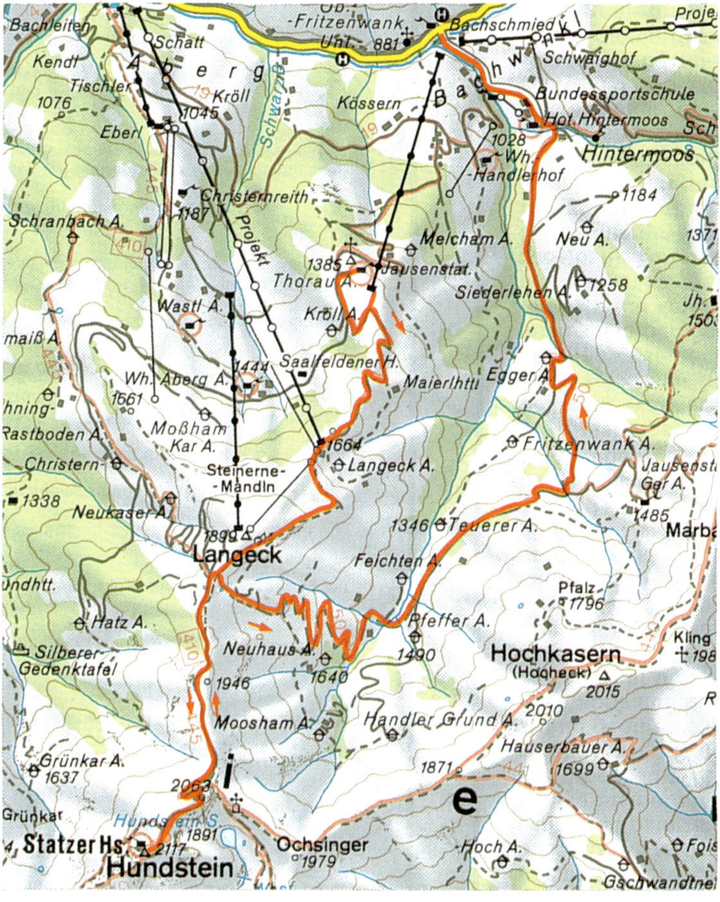

27 Zwei Kammwanderungen vom Hundstein talwärts

Hohe Routen über dem Pinzgau

Hundstein/Statzerhaus – Schwalbenwand – Unterberg
Hundstein/Statzerhaus – Marbachhöhe – Hintermoos

Vom Hundstein zur Schwalbenwand: Blick zum Hochkönigstock und Dachstein

Die beiden langen Kammwanderungen vom Hundstein über Hochkasern und Marbachhöhe nach Hintermoos bzw. vom Hundstein über die Schwalbenwand nach Unterberg sind durch die Übernachtungsmöglichkeit am Statzerhaus auch für den Durchschnittswanderer bei günstiger Witterung ein machbares Unternehmen geworden. Bei guter Sicht werden diese beiden Bergfahrten mit ihrem großartigen Panorama beiderseits des Kammes zu einem echten Genuß. An liftfreien Tagen sind hier nur wenige Leute unterwegs!

1. Westroute: Die Route zur Schwalbenwand führt vom **Hundstein** direkt über den Westrücken in die Scharte vor dem Ochsenkopf hinab. Leichter gelangt man dorthin, wenn man an der Hütte zuerst ganz kurz nach Nordosten ausholt und dann auf breitem Weg über die Nordflanke zur Scharte im Südwesten absteigt. Nun folgt man dem rechtem Pfad an der

Nordostseite des **Ochsenkopfes** entlang (auch eine Überschreitung ist problemlos möglich) zu einer weiteren Wegverzweigung hinter diesem Gipfel. Links schert hier Weg 447 nach Zell am See aus, geradeaus geht es – immer am Kamm entlang – zu einer Einsattelung mit kleinen Tümpeln hinab, dann über den **Schönwieskopf** und einen unbenannten Gipfel zur **Schwalbenwand**. Beim Kreuz folgt man dem rechten Weg (Nr. 446) in einen Sattel hinab, dann über zwei Köpfe hinweg zu zwei einzelnen Hütten. Hinter der zweiten führt ein Waldsteig mehrfach über eine Forststraße hinweg zum **Hofer Plattl**. Dort zweigt man vom Sträßchen rechts ab, steigt über Wiesen mit Holzpfostenmarkierung zur **Oberstegalm** und dahinter auf einem Fahrweg über die **Hinterjetzbachalm** nach **Unterberg** ab.
2. Ostroute: Zur Marbachhöhe hält man sich zuerst an das Sträßchen in Richtung Langeck, zweigt aber schon nach einigen Schleifen auf einem Steig (Nr. 440) rechts ab und hält auf den weiten Sattel vor dem Hochkasern zu. Diesen Gipfel kann man entlang des Kammes (Zaun) besteigen, dann über ein Plateau zur **Klingspitze** (Kreuz) weiterwandern und dahinter über einen steilen Grashang in einen weiteren Sattel absteigen. Kürzer erreicht man diesen, wenn man Hochkasern und Klingspitze auf ihren Nord- und Westseiten (links) umgeht. Nahezu höhengleich geht es zur **Marbachhöhe** weiter und in der Scharte dahinter links zur Geralm hinab, von der ein Sträßchen über die **Eggeralm** nach **Hintermoos** hinausführt.

Am Hochkasern: Rechts sieht man den Hundstein, im Hintergrund die Hohen Tauern

Talorte: Maria Alm, 802 m; Hinterthal, 1016 m.

Ausgangspunkt: Statzerhaus am Hundstein, 2117 m (bew. Pfingsten bis Ende Sept., 30 L. + B., Tel. 06542/4438), Anstieg zum Statzerhaus siehe Tour 26!

Gehzeiten: *1. Westroute*: Statzerhaus – Schwalbenwand 2½ bis 3 Std., Schwalbenwand – Hinterjetzbachalm – Unterberg 2 Std.; Gesamtgehzeit ca. 5 Std.
2. Ostroute: Statzerhaus – Marbachhöhe 1½ Std. (bei Überschreitung von Hochkasern und Klingspitze ca. ¾ Std. länger), Marbachhöhe – Geralm – Eggeralm – Hintermoos (Talstation des Lifts) 2 Std.; Gesamtgehzeit 3½ bis 4¼ Std.

Höchste Punkte: *Westroute*: Hundstein, 2117 m; Schönwieskopf 1994 m; Unbenannter Gipfel 1991 m; Schwalbenwand 2011 m. *Ostroute:* Hundstein, 2117 m; (Hochkasern, 2015 m; Klingspitze, 1988 m); Marbachhöhe, 1814 m.

Höhenunterschied: *Westroute:* 3 Gegenanstiege, zusammen knapp 350 m.
Ostroute: Ca. 50 m, über Hochkasern und Klingspitze ca. 150 m.

Anforderungen: Steige mit mehreren Gegenanstiegen, an kurzen Stellen auch Trittsicherheit nötig, im Talbereich Almsträßchen. Stabile Wetterlage mit ausreichender Sicht erforderlich! Genügend Flüssigkeit mitnehmen, da besonders auf der längeren Westroute erst gegen Ende der Tour Einkehrmöglichkeit besteht!

Einkehrmöglichkeiten: *Westroute*: Hinterjetzbachalm; *Ostroute*: Geralm, Eggeralm (alle bew. Juni mit Sept.).

Sehenswertes: Prächtige Ausblicke entlang der beiden Kämme auf die Niederen und Hohen Tauern (Hochalmspitze bis Großvenediger), auf Dachstein, Hochkönig und Steinernes Meer, auf die Leoganger Steinberge und den Wilden Kaiser, Hundsteinsee und Zeller See; Jakobi-Ranggeln am Hundstein am Sonntag um den 25. Juli: Vor 2000–3000 Zuschauern wird um die Fahne des »Hoagmoar« gerangelt, der einst die Grenzen der Almweiden bestimmt hatte.

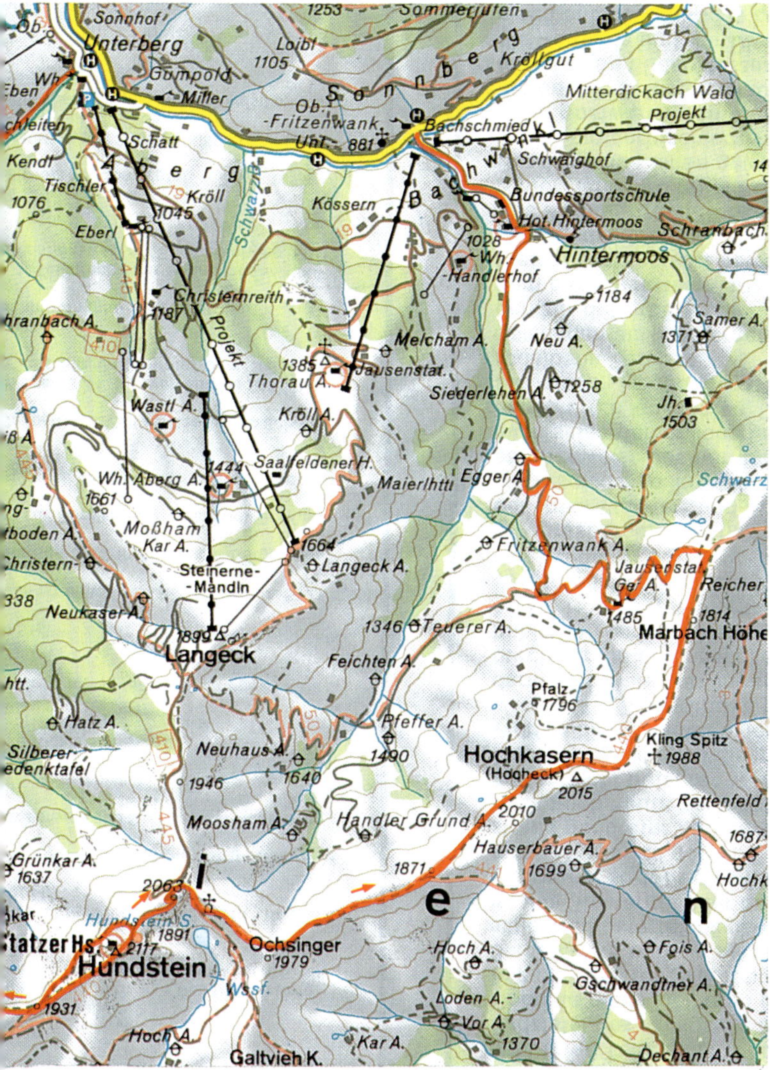
Unterberg
Sonnhof
Loibl
1105
1253
Sommerjufen
Sonnberg
Kröllgut
Gumpold
Miller
Mitterdickach Wald
Projekt
Ob.-Fritzenwank
Unt.
881
Bachschmied
Schatt
Aberg
Kröll
1045
Schwarzb.
Kössern
Bach
Schwaighof
Bundessportschule
Hot. Hintermoos
Hintermoos
Schranbach
Kendl
Tischler
1076
Eberl
1028
Wh.-Handlerhof
Christernreith
1187
1184
Projekt
Melcham A.
Neu A.
Samer A.
1371
1385
Thorau A.
Jausenstat.
Siederlehen A.
1258
Jh.
1503
Wastl A.
Kröll A.
Saalfeldener H.
Maierlhttl
Egger A.
Schwarz
Wh. Aberg A.
1444
1661
Moßham Kar A.
1664
Langeck A.
Fritzenwank A.
Jausenstat. Ger A.
Reicher
Steinerne-Mandln
Neukaser A.
1899
Langeck
1346
Teuerer A.
1485
1814
Marbach Höhe
Feichten A.
Pfalz
1796
Hatz A.
Pfeffer A.
Kling Spitz
1988
Silberer-Gedenktafel
Neuhaus A.
1640
1490
Hochkasern
(Hochheck)
2015
1946
Moosham A.
Handler Grund A.
2010
Rettenfeld
Hauserbauer A.
1687
Grünkar A.
1637
1871
1699
Hochk
2063
Hundstein S.
Statzer Hs.
2117
1891
Hundstein
Ochsinger
1979
Hoch A.
Fois A.
Wssf.
Gschwandtner A.
1931
Loden A.-Vor A.
Hoch A.
Kar A.
1370
Galtvieh K.
Dechant A.
e
n

28 Schwalbenwand, 2011 m

Pinzgauer Paradegipfel für Wanderer und Tourengeher

Unterberg – Eben – Hinterjetzbachalm – Hofer Plattl – Schwalbenwand und zurück

Talort: Maria Alm, 802 m.
Ausgangspunkt: Unterberg, 887 m, ca. 2 km südlich von Maria Alm; Haltestelle des Hochkönig-Wanderbusses.
Gehzeiten: Unterberg – Hinterjetzbachalm ca. 1 Std., Hinterjetzbachalm – Oberstegalm – Hofer Plattl 1 Std., Hofer Plattl – Saalfeldener Schihütte – Schwalbenwand 2 Std., Rückweg auf gleicher Route ca. 2½ Std.; Gesamtgehzeit ca. 6½ Std.
Höchster Punkt: Schwalbenwand, 2011 m.
Höhenunterschied: 1150 m, mit kleinen Gegenanstiegen im Gipfelbereich.
Anforderungen: Almsträßchen und Wanderwege, zuletzt unschwieriger Steig.
Einkehrmöglichkeiten: Hinterjetzbachalm (bew. Juni mit Sept.).
Sehenswertes: Schwalbenwand als hervorragender Aussichtspunkt auf Kitzbüheler Alpen, Wilden Kaiser, Leoganger Steinberge mit der Birnhorn-Südwand, Steinernes Meer, Hochkönig, Dachstein, Niedere und Hohe Tauern.
Variante: Übergang zum Hundstein nur für sehr ausdauernde Wanderer, ca. 500 m Höhenunterschied im mehrfachen Auf und Ab, ca. 3 Std., siehe Tour 27 (*Westroute*), genügend Flüssigkeit mitnehmen!

Auf der Schwalbenwand kann man zu jeder Jahreszeit jemandem begegnen, da die von verschiedenen Seiten zu ihrem aussichtsreichen Gipfel führenden Routen sowohl für den Wanderer als auch für den Skitouristen attraktiv sind.

Von **Unterberg** auf einem Sträßchen ein kurzes Stück in den Jetzbachgraben, dann rechts zu einem Gut hinauf und auf einem Almsträßchen via »Schwalbenwand« über

die Jausenstation **Hinterjetzbachalm** und einige andere Hütten zur **Oberstegalm**. Dahinter auf nur schwach ausgeprägtem Wiesensteig mit Holzpfostenmarkierung zur bewaldeten Anhöhe des **Hofer Plattl**. Auf einer Forststraße ein kurzes Stück nach links, dann auf einem markierten Waldsteig – ein paarmal ein Sträßchen queren – zur Saalfeldener Schihütte und zu einem weiteren Hüttchen. Dahinter über zwei ausgeprägte Kuppen hinweg in einen Sattel und auf die **Schwalbenwand**.
Abstieg wie Anstieg.

Ausblick auf die Schönfeldspitze (rechts) auf dem Weg zur Schwalbenwand

So 26/8/01

29 Über den Natrun zum Jufen

Lechneralm

Schattiger Aussichtsbalkon zum Steinernen Meer

Maria Alm – Natrun – Jufen – (Primbachkögerl –) Primbachalm – Waldhaus – Maria Alm

Talort/Ausgangspunkt: Maria Alm, 802 m, Natrunlift (Tal- oder Bergstation).
Gehzeiten: Maria Alm – Jausenstation Natrun 1 Std. (oder mit Lift), Natrunhütte – Gasthaus Jufen 1 Std., Jufen – Primbachkögerl – Primbachalm 1 Std. (ohne Primbachkögerl ½ Std.), Primbachalm – Waldhaus – Maria Alm gut 1 Std.; Gesamtgehzeit 3½ bis 4 Std. ohne Lift, 2½ Std. mit Lift.
Höchste Punkte: Natrun, 1253 m; Primbachkögerl, 1310 m.
Höhenunterschied: Ca. 300 m.
Anforderungen: Wanderwege; über das Primbachkögerl unschwieriger Steig.
Einkehrmöglichkeiten: Postalm, Jausenstation Natrun, Gasthaus Jufen, Gasthaus Waldhaus, (Laimgrubalm bei Variante 2).
Sehenswertes: Kessel von Saalfelden und Maria Alm, Birnhorn-Südwand, Südwände der Gipfel des Steinernen Meeres vom Persailhorn bis zum Selbhorn; Wildpark.
Varianten: 1. Von der Natrunhütte führen zwei Wege zum Gasthaus Jufen, einer über den Höhenzug, der andere (kürzere) gleich bei der Bergstation links, dann an der Nordseite entlang.
2. Vom Gasthaus Jufen kann man auf einem Sträßchen über die Laimgrubalm zum Gasthaus Waldhaus und nach Maria Alm absteigen (ca. ½ Std. kürzer). Diese Route ist im Winter ab Waldhaus bergwärts als Rodelbahn und Winterwanderweg ausgeschildert (1 Std. Anstieg).
3. Abstieg vom Jufen nach Hinterthal, ca. 1 Std., mit Hochkönig-Wanderbus nach Maria Alm zurück.

Über den Jufensattel führte einst ein Saumweg von Hinterthal nach Maria Alm. Heute sind Natrun und Jufen von einem Wegenetz überzogen, sogar ein Lift führt von Maria Alm auf den bewaldeten Hausberg des Dorfes. Der Urlauber genießt die bequemen Wald- und Almwege zwischen Natrun und Primbachkögerl als schattigen Aussichtsbalkon zum Steinernen Meer.

Am Jufen, im Hintergrund das Selbhorn

Vom Pinzgauer Hof in **Maria Alm** wandert man auf direkter Route oder links vom Natrunlift über die Postalm zur **Natrunhütte**, dann über den Höhenzug oder an seiner Nordseite entlang zum **Gasthaus Jufen**. Der Weg (Nr.9) führt dahinter an einer Kapelle vorbei und anschließend am Primbachkögerl ziemlich höhengleich entlang zur **Primbachalm** oder – etwas länger – auf Route 8 zuerst auf das bewaldete **Primbachkögerl** (Rastbank in stiller Waldlichtung). Hinter einem schmalen Waldstreifen steigt man im Bereich einer Hochspannungsleitung über Wiesen zur **Primbachalm** ab und wandert zuletzt auf einem Sträßchen zum **Gasthaus Waldhaus** hinab und nach **Maria Alm** hinaus.

30 Lechneralm und Braggstein, 1823 m

Sonnige Alm und stille Jagdhütte am Fuße des Selbhorns

Rohrmoos – Lechneralm – Braggstein und zurück

Talort: Maria Alm, 802 m.
Ausgangspunkt: Gasthaus Rohrmoos im Krallerwinkel, 899 m; 2,6 km von Dorfmitte Maria Alm.
Gehzeiten: Rohrmoos – Lechneralm 1¼ Std., Lechneralm – Braggstein ca. 2 Std., Rückweg nach Rohrmoos 2 Std.; Gesamtgehzeit 5¼ Std.
Höchster Punkt: Braggstein, 1823 m.
Höhenunterschied: Ca. 900 m.
Anforderungen: Bequemes Almsträßchen zur Lechneralm, Bergsteig zum Braggstein (Schwierigkeit rot).
Einkehrmöglichkeiten: Gasthaus Rohrmoos (bew. während der ganzen Wandersaison), Lechneralm (bew. Anfang Juni bis Ende Sept.).
Sehenswertes: Lechneralm im Blumenschmuck, Rauchkuchl, Selbhorn und Schönfeldspitze vom Braggstein, Fernblick auf die Tauernkette.
Varianten: 1. Zum Braggstein auch von Hinterthal auf Weg Nr. 29 über Eggerhof – Reiteralm – Massingsattel; hier rechts auf Weg Nr. 427, ca. 800 m, knapp 5 Std.
2. Der mühsame Anstieg vom Braggstein über die Luegscharte auf die wasserarme Hochfläche des Steinernen Meeres und zum Selbhorn ist nur für den erfahrenen und geübten Bergsteiger! (3 Std, schwarz).

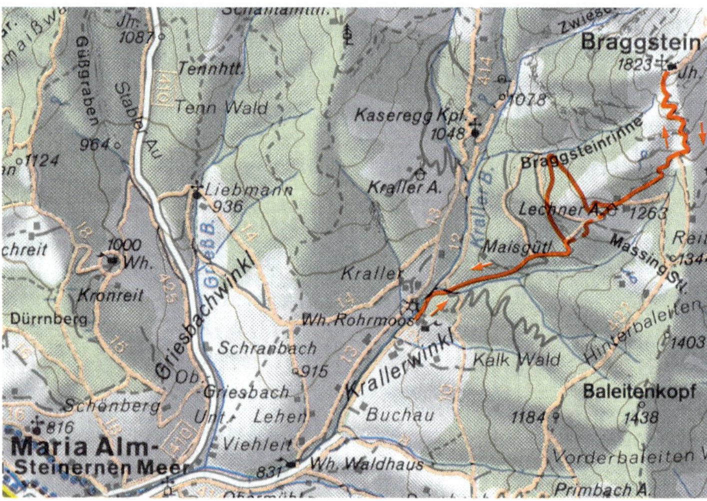

Der Braggstein ist eine Aussichtsloge ersten Ranges, die einerseits durch den Nahblick auf die gewaltigen Südmauern des Steinernen Meeres, andererseits durch den Fernblick auf die überfirnte Tauernkette begeistert.

Von **Rohrmoos** wandert man auf einem Almsträßchen rechts des Baches, dem Wegweiser »Wasserfallscharte 426, Selbhorn 427, Lechneralm, Braggstein« folgend, talaufwärts, hält sich bei der ersten Wegverzweigung rechts und gleich darauf links. Auf etwa halber Wegstrecke zur Alm kann man sich für die bequeme Route entlang der Straße oder für die steile und mühsame Variante rechts durch den Wald entscheiden. Kurz vor der **Lechneralm** treffen beide Wege wieder zusammen. An der Kehre vor der Lechneralm zweigt der Steig zum Braggstein ab. Über Wiesen steigt man zu einer Jagdhütte hinauf, dahinter geht es schweißtreibend durch Wald und über Wiesen, zuletzt durch einen Latschengürtel auf den **Braggstein**.
Der **Abstieg** folgt der Anstiegsroute.

Das Jagdhütterl am Braggstein mit dem Selbhorn

31 Kaseregg-Grotten und Freithofalm

Zwei Felsgrotten und eine Jagdhütte in einem wilden Kar

Rohrmoos – Kaseregg-Grotten – Freithofalm und zurück

Talort: Maria Alm, 802 m.
Ausgangspunkt: Gasthaus Rohrmoos im Krallerwinkel, 899 m; 2,6 km von der Dorfmitte Maria Alm.
Gehzeiten: Rohrmoos – Kaseregg-Kapelle ½ Std., Kaseregg-Kapelle – Kaseregg-Grotten und zurück ca. ¾ Std., Kaseregg-Kapelle – Freithofalm 1½ Std., Freithofalm – Rohrmoos ca. 1½ Std.; Gesamtgehzeit ca. 4¼ Std., ohne Kaseregg-Grotten 3½ Std.
Höchster Punkt: Freithofalm, 1555 m.
Höhenunterschied: Ca. 750 m, ohne Grotten ca. 650 m.
Anforderungen: Wanderweg zur Freithofalm; schmaler Steig, der etwas Trittsicherheit erfordert, zu den Kaseregg-Grotten (Schwierigkeit rot).
Einkehrmöglichkeiten: Gasthaus Rohrmoos (bew. während der ganzen Wandersaison).
Sehenswertes: Bergumrahmung des Krallerwinkels, Kaseregg-Grotten und Freithofalm mit wilden Schluchten und Karen.
Variante: Der Weiterweg von der Freithofalm über die Buchauer Scharte auf die wasserarme Hochfläche des Steinernen Meeres ist mühsam, der Steig von dort auf die Schönfeldspitze ist nur für geübte und erfahrene Bergsteiger! (Ca. 3 Std.)

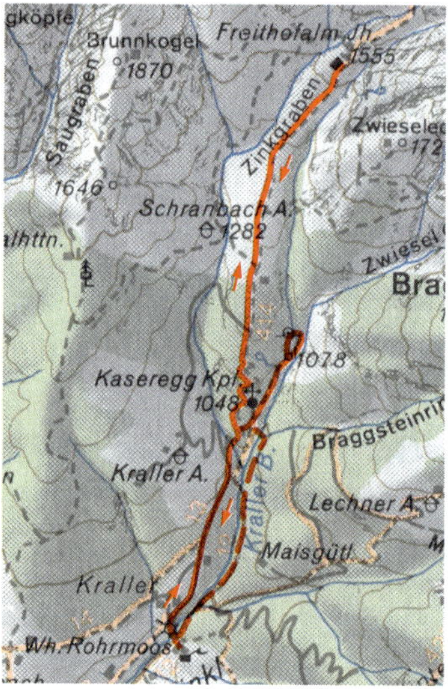

Die Wanderroute zu den Kaseregg-Grotten und zur Freithofalm, einer unbewirtschafteten Jagdhütte, führt in eine Urlandschaft mit wilden Gräben unter hohen Felsflanken. Kaum zu glauben, daß zur steilen Buchauer Scharte, dem Einschnitt zwischen Schönfeldspitze (links) und Selbhorn mit Mandlköpfen (rechts) eine beliebte Frühjahrsskitour hinaufzieht.
Beim Parkplatz in **Rohrmoos** folgt man dem Wegweiser »Kaseregg-Grotte 13« bzw. »Freithofalm, Buchauer Scharte, Schönfeldspitze 414« über die Brücke, dann gleich wieder nach rechts und abseits eines Gehöfts über Weiden und am Waldrand entlang zu einer Wegverzweigung vor einem Graben. Hier geht's rechts über den Steg und im Wald zur nahen **Kaseregg-Kapelle** hinauf, wo sich der Weg erneut gabelt: Rechts führt ein Steig am Hang entlang (Ww. »Grotte I und II nur für Geübte«). Die erste Grotte, ein

Felsüberhang, wird schon nach wenigen Minuten erreicht, bei der schöneren zweiten Grotte zieht man eine durch eine Steiganlage präparierte Runde und kehrt auf bekanntem Pfad wieder zur Kapelle zurück. Dort steigt man geradeaus über einen bewaldeten Riedel, dann über freies Gelände zur **Freithofalm** an. Der **Abstieg** führt auf bekannten Pfaden wieder zur Kapelle hinab, dann links oder rechts des Krallerbaches nach Rohrmoos zurück.

Bauernhof im Krallerwinkel mit dem Selbhorn im Hintergrund

32 Riemannhaus und Breithorn, 2504 m

Tor zum Steinernen Meer

Parkplatz Sanden – Riemannhaus – Breithorn und zurück

Talort: Maria Alm, 802 m.
Ausgangspunkt: Parkplatz Sanden, ca. 1150 m. Man folgt von Maria Alm 4 km dem Ww. »Riemannhaus«, zuletzt steiles Schottersträßchen.
Gehzeiten: Parkplatz – Riemannhaus 3 Std., Riemannhaus – Breithorn 1¼ Std., Breithorn – Riemannhaus ¾ Std., Riemannhaus – Parkplatz knapp 2 Std.; Gesamtgehzeit 6½ bis 7 Std.
Höchste Punkte: Riemannhaus, 2177 m; Breithorn, 2504 m; Sommerstein, 2308 m.
Höhenunterschied: Ca. 1000 m zum Riemannhaus, 1350 m zum Breithorn.
Anforderungen: Sträßchen bis zum Materialaufzug, dann vielbegangener alpiner Steig, der über Steintreppen mit Seilsicherung führt und stellenweise Schwindelfreiheit, vor allem aber Trittsicherheit erfordert.
Einkehrmöglichkeiten: Riemannhaus (AV, bew. Mitte Juni bis Anfang Okt., ca. 150 Schlafplätze, stark frequentiert, Wochenende meiden!, Tel. 06582/73300).
Sehenswertes: Großartige Felsarena beim Anstieg zum Riemannhaus, vom Breithorn und Sommerstein Einblick ins Steinerne Meer, zu den Berchtesgadener Alpen mit Watzmann und Hochkönig, Fernblick auf die benachbarten Gruppen der Kalkalpen und zum Alpenhauptkamm (Hohe Tauern, Zillertaler Alpen).
Variante: Hinter der Hütte im Rechtsbogen in ½ Std. zum Sommerstein (2308 m, nicht schwierig, markiert, sehr lohnend).

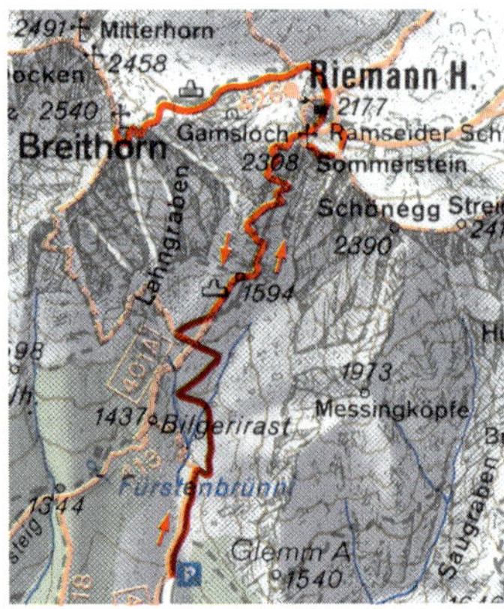

Die Ramseiderscharte ist das bekannteste südliche Tor zum Steinernen Meer, es wird vom mächtigen Breithorn und dem Felspfeiler des Sommerstein flankiert. Im Scharteneinschnitt kann man auch aus der Froschperspektive des Saalfeldener Beckens den weißen Steinbau des Riemannhauses erkennen. Der Hüttenanstieg ist verhältnismäßig anspruchsvoll, aber auch von bemerkenswertem landschaftlichem Reiz; folglich wird die Hütte sehr viel besucht. Der Anstieg auf das Breithorn erweist sich von der Hütte aus überraschend zahm, und die Aussicht von diesem stolzen Gipfel hält, was sie verspricht. Kürzer ist der Aufstieg zum Sommerstein (Variante).
Vom **Parkplatz** führt zunächst ein Sträßchen zum Materialaufzug des Riemannhauses. Kurz davor vertraut man sich einem ausgetretenen Steig an, der sich an einem Felswandl vorbeischwindelt, dahinter über Stufen, dann in vielen Kehren über einen Gras- und Latschenhang eine auffallende Rippe

erreicht. Sie führt rechts in eine Schlucht, wo eine seilgesicherte Steintreppe die folgenden Felsabbrüche überwindet, ehe das **Riemannhaus** an der Schwelle zum Steinernen Meer sichtbar wird. Ein steiniger Weg führt – den Sommerstein stets im Blickfeld – zur großen Hütte hinauf. Im Linksbogen geht es dahinter durch eine Grube, dann sucht sich der Steig über die von Felsblöcken übersäte Nordostabdachung einen Zugang auf das **Breithorn**. **Abstieg** wie Anstieg.

Das Riemannhaus mit dem Breithorn

33 Riemannhaus – Ingolstädter Haus – Kärlingerhaus

Drei-Hütten-Tour im Steinernen Meer

Riemannhaus – Ingolstädter Haus – Kärlingerhaus am Funtensee

Talort: Maria Alm, 802 m.
Ausgangspunkt: Riemannhaus, 2177 m. Zugang wie Tour 32!
Gehzeiten: Riemannhaus – Ingolstädter Haus ca. 3 Std., Ingolstädter Haus – Kärlingerhaus ca. 2¾ Std.; Gesamtgehzeit knapp 6 Std.
Höchster Punkt: Am Eichstätter Weg ca. 2280 m.
Höhenunterschied: Ca. 200 bis 300 m.
Anforderungen: Stabile Wetterlage, ausreichende Sichtverhältnisse, Trittsicherheit, Wachsamkeit! Am Eichstätter Weg Altschneepassagen bis in den August!
Einkehrmöglichkeiten: Riemannhaus (AV, bew. Mitte Juni bis Anfang Okt., ca. 150 L. + B., Tel. 06582/73300, Ingol städter Haus (AV, bew. Mitte Juni bis Anfang Okt., ca. 100 L. + B., Tel. 06582/8353), Kärlingerhaus (AV, bew. Pfingsten bis Anfang Okt., ca. 220 L. + B., Tel. über Berchtesgaden 08652/2995!).
Sehenswertes: Die Öde des Steinernen Meeres, Gr. Hundstod, interessante Flora, Murmeltiere um das Kärlingerhaus.

Variante: Etwa auf halbem Weg zum Ingolstädter Haus beim Praterstern rechts über das Zirbenmarterl direkt zum Kärlingerhaus hinab, ca.1½ Std. kürzer.

Ramseiderscharte mit Riemannhaus

Der Wandervorschlag vom Riemannhaus übers Ingolstädter Haus zum Kärlingerhaus ist in eine Rundtour durch das Steinerne Meer eingebunden. Jede der drei Hütten ist zudem nur durch einen längeren Anstieg aus dem Tal bzw. von einem der beiden Nachbarhäuser erreichbar. Diese Hüttenwege werden in den Touren 32, 34 und 43 als separate Bergfahrten vorgestellt. Eine Wanderung durch die felsige Öde des Steinernen Meeres zeigt den ganz besonderen Charakter dieses Hochgebirges.
Der **Eichstätter Weg**, ein steiniger Pfad am Rande einer Steinwüste, verbindet in einem vielfachen Auf und Ab und ungemein windungsreich das **Riemannhaus** mit dem Ingolstädter Haus. Eine gute Markierung (Weg 401) erleichtert die Wegfindung durch ein Chaos von Fels- und Steinblöcken zwischen Ramseiderscharte und Dießbachscharte. Der Pfad verläuft stets unterhalb der Kammlinie Breithorn – Schindlkopf. Am Sockel des Gr.

Hundstod führt hinter dem **Ingolstädter Haus** der Weg 420 in einem riesigen Rechtsbogen in eine Karstsenke hinab, dann rechts zur Schwelle des Hirschsattels hinauf, hinter dem es durch lichten Wald in den Kessel des Funtensees mit dem **Kärlingerhaus** hinabgeht.

34 Kärlingerhaus – Riemannhaus – Maria Alm

Am Wallfahrerweg in Gegenrichtung durchs Steinerne Meer

Kärlingerhaus – Riemannhaus – Maria Alm

Wer das Steinerne Meer in seiner kargen Schönheit kennenlernen will, sollte den Pfad zwischen Kärlingerhaus und Riemannhaus erkunden; er kann sich über viele kleine Wunder am Wegrand freuen.
Zugang zum **Kärlingerhaus** wie Tour 33. Vom Kärlingerhaus wandert man am linken Seeufer entlang und passiert dessen hör-, aber nicht sichtbaren und deswegen als Teufelsmühle bezeichneten Abfluß. Dahinter folgt man der Markierung 410/413 zuerst über Matten, dann über zwei lichtbewaldete Geländestufen und Kessel zur nordwärts abdachenden Karsthochfläche des Steinernen Meeres. Durch kleine Felsengassen, an der spärlich fließenden Wunderquelle und dem nahegelegenen Salzburger Kreuz vorbei, schließlich am Rande der riesigen Schönfeldgrube entlang erreicht man den höchsten Punkt des Weges, hinter dem sich das **Riemannhaus** versteckt. Durch die Ramseiderscharte steigt man zu einer längeren Steintreppenpassage, dann über Gras- und Latschenhänge zu einem Sträßchen und zum Parkplatz **Sanden** ab (siehe Tour 32!). Der Fahrweg führt 4 km nach **Maria Alm** hinaus.

Funtenseekessel mit dem Kärlingerhaus im Hintergrund in der Bildmitte

Talorte: Maria Alm, 802 m; Berchtesgaden, 540 m.

Ausgangspunkt: Kärlingerhaus, 1630 m.

Gehzeiten: Kärlingerhaus – Riemannhaus ca. 3½ Std., Riemannhaus – Parkplatz Sanden knapp 2 Std.; Gesamtgehzeit ca. 5½ Std.

Höchster Punkt: Ramseiderscharte, 2177 m.

Höhenunterschied: 600 m.

Anforderungen: Stabile Wetterlage mit ausreichender Sicht, an kurzen Stellen auch etwas Trittsicherheit erforderlich. Am markierten Weg bleiben!

Einkehrmöglichkeiten: Kärlingerhaus (AV, bew. von Pfingsten bis Anfang Okt., ca. 220 L. + B., Tel. über Berchtesgaden 08652/2995), Riemannhaus (AV, bew. Mitte Juni bis Anfang Okt., ca. 150 L. + B., Tel. 06582/73300), beide Hütten stark frequentiert, Wochenenden meiden!

Sehenswertes: Lage der Hütten, Felsödnis des Steinernen Meeres (Karrenfelder, Sommerflora, Schönfeldspitze).

35 Peter-Wiechenthaler-Hütte, 1752 m

Hütte auf hoher Schneid über dem Saalfeldener Becken

Bachwinkl – Peter-Wiechenthaler-Hütte und zurück

Peter-Wiechenthaler-Hütte vor dem Umbau mit dem Birnhorn im Hintergrund

Die Peter-Wiechenthaler-Hütte am Kienalkopf ist bereits von Saalfelden mit bloßem Auge auf hoher Schneid auszumachen. Das Panorama von der Hütte, besonders der Blick auf die Glocknergruppe, ist ein echter Genuß.
Gleich hinter dem Parkplatz überquert man einen Graben, steigt dann in Schleifen über einen bewaldeten Südhang auf einen Sattel, wo sich der breite Wanderweg gabelt. Der rechte, steilere Pfad Nr. 412 führt durch aufgeheizte Latschenfelder schweißtreibend zur **Hütte**, der linke, etwas längere (412 A) wählt mehr schattiges Gelände.
Die einfachste **Abstiegsroute** hält sich an einen der beschriebenen Anstiege. Dem schwindelfreien und trittsicheren Bergwanderer sei als Abstieg die Runde über die **Steinalm** (412 C) empfohlen. Sie führt hinter der Hütte 5 Min. bergwärts, dann rechts durch Latschenhänge, die von wilden Gräben aufgerissen sind (einige Drahtseile und Holztreppen) zu einer kleinen Schulter, zuletzt in einem bewaldeten Graben zur Steinalm hinab. Unmittelbar (!) an der Alm geht es rechts in den Wald und auf einem nicht markierten, meist gut erkennbaren Steig über die **Clessinsperre** zum Parkplatz zurück.

Talort: Saalfelden, 744 m.

Ausgangspunkt: Parkplatz in Bachwinkl, ca. 900 m. Zufahrt 1,7 km vom nördlichen Ortsende Saalfelden (Ww. »Bachwinkl / P. Wiechenthalerhütte«).

Gehzeiten: Parkplatz in Bachwinkl – Wiechenthaler-Hütte 2½ Std. (über Schattseitweg 3 Std.), Rückweg auf gleicher Route 1½ Std., Abstieg über Steinalm 2½ Std.; Gesamtgehzeit 4 bis 5½ Std., je nach Routenwahl.

Höchster Punkt: Peter-Wiechenthaler-Hütte am Kienalkopf, 1752 m.

Höhenunterschied: ca. 850 m.

Anforderungen: Schöner Wanderweg auf der Normalroute, alpiner Steig über die Steinalm (Trittsicherheit und z.T. auch etwas Schwindelfreiheit erforderlich, Schwierigkeit rot).

Einkehrmöglichkeiten: Peter-Wiechenthaler-Hütte (AV, bew. Anfang Juni bis Ende Sept., 65 L. + B., Tel. 06582/73489), Steinalm (bew. Juni bis Anfang Okt., im Mai und Okt. bei Schneefreiheit und günstiger Witterung nur an Wochenenden), Gasthaus Hubertus (5 Min. unterhalb des Parkplatzes).

Sehenswertes: Große Schau auf die Glocknergruppe, auf Birnhorn und Persailhorn, Tiefblick ins Saalfeldener Becken und zum Zeller See.

Varianten: 1. Von der Wiechenthaler-Hütte über die Weißbachlscharte zum Ingolstädter Haus, Kärlingerhaus oder Riemannhaus je 3½ Std.

2. Wiechenthaler-Hütte – Persailhorn und zurück. Zum Persailhorn führen zwei Klettersteige, Anstieg jeweils 2 Std., Schwierigkeit schwarz, nur für absolut schwindelfreie, geübte und entsprechend ausgerüstete Bergsteiger bei guter Witterung! Am Wildental-Klettersteig Steinschlaggefahr! Siehe auch das Kapitel »Rundtouren«!

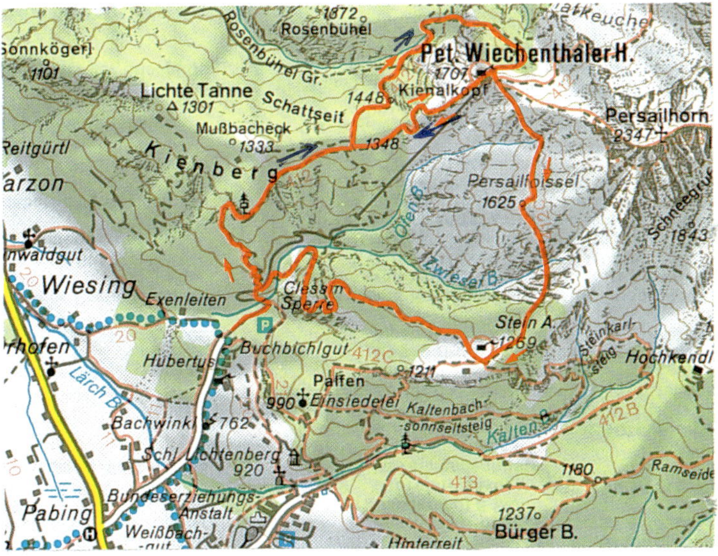

36 Steinalm und Einsiedelei

Almwanderung auf »blauen« oder »roten« Pfaden

***Blaue Route:* Parkplatz – Lehrwanderweg zur Steinalm und zurück**
***Rote Route:* Parkplatz – Haidensperre – Steinalm – über Fuchssteig oder Clessinsperre zur Einsiedelei – Parkplatz**

Talort: Saalfelden, 744 m.
Ausgangspunkt: Parkplatz im Kaltenbachgraben, gut 850 m, Zufahrt vom nördlichen Ortsende Saalfelden (Ww. »Schwimmbad / Einsiedelei«; 1,1 km).
Gehzeiten: *Blaue Route*: Parkplatz – Steinalm 1¼ Std., Steinalm – Parkplatz ¾ Std.; Gesamtgehzeit 2 Std.
Rote Route: Parkplatz – Haidensperre – Steinalm 2½ Std., Steinalm – Einsiedelei über Fuchssteig 1 Std., Einsiedelei – Parkplatz 20 Min.; Gesamtgehzeit 4 Std.
Höchster Punkt: Steinalm, 1269 m.
Höhenunterschied: *Blaue Route* 500 m; *rote Route* 600 m (Gegenanstieg).
Anforderungen: Die *blaue Route* ist ein schöner, breiter Wanderweg, die *rote Route* erfordert unbedingt Trittsicherheit in stellenweise recht steilem Gelände. Nicht bei Nässe! Man sollte sich beim Ausgangspunkt nicht irreführen lassen; die rote Route beginnt dort mit einer Forststraße, sie ist zunächst der wesentlich breitere Weg!
Einkehrmöglichkeiten: Steinalm (bew. Juni bis Anfang Okt., im Mai und Okt. bei Schneefreiheit und guter Witterung auch an Wochenenden).
Sehenswertes: Lehrwanderweg zur Steinalm, Kuhloch (Höhlenwohnung der Bronzezeit), »Leichladen« (Totenbrett) vom ehemaligen Steinalmwirt, Lage der Steinalm mit Blick auf Persailhorn, Birnhorn, Glocknergruppe (Wiesbachhorn!) und Venedigergruppe, Blick ins Saalfeldener Becken, die Urlandschaft der wilden Rinnen, Gräben und Felsflanken auf der *roten Route*. Einsiedelei (seit mehr als 300 Jahren und z.T. heute noch von einem Eremiten bewohnte Klausur mit Kapelle).

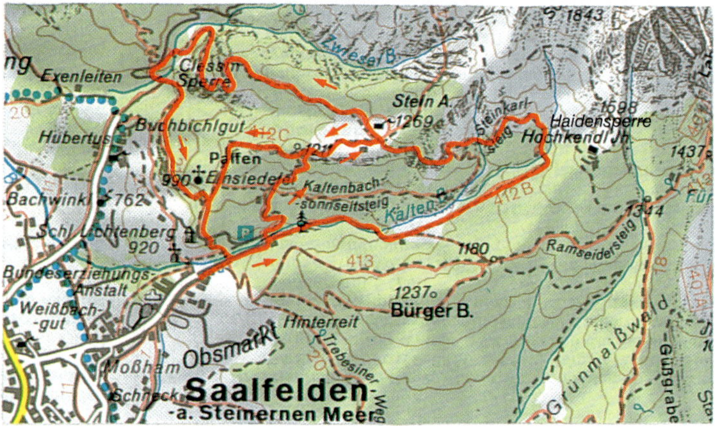

Die Wanderung zur Steinalm sagt beim Blick auf die Karte nicht viel aus, sie hält jedoch einen Katalog von kulturhistorischen und landschaftlichen Überraschungen bereit, die unter »Sehenswertes« aufgelistet sind. Beim vorliegenden Tourenvorschlag zur Steinalm werden zwei Routen unterschiedlichen Charakters vorgestellt.

Die leuchtende Blüte der Felsaurikel

Die Steinalm mit dem Persailhorn im Hintergrund

Die *blaue Route* führt gleich oberhalb des Parkplatzes links über den Graben und als »Lehrwanderweg Steinalpe« zuerst am Bach entlang, dann über einen bewaldeten Hang am **Kuhloch** vorbei, wo 1949 Relikte aus der Bronzezeit vor 3000 Jahren ausgegraben wurden. Weiter oben trifft man auf den »Leichladen« (Totenbrett) des Steinalmwirts mit dessen Lebensdaten und einem kernigen Vierzeiler. Bald darauf mündet von links der von der Einsiedelei heraufführende Fuchssteig ein. Durch Wald steigt man in ein Schartl und entlang eines Kammes zu den Weiden der **Steinalm** hinauf, die sich ein idyllisches Platzerl am Waldrand gesucht hat. Der einfachere **Abstieg** folgt dem Anstieg, der schwierigere geht gleich an der Alm nordwestlich in den Wald, trifft bei der **Clessinsperre** auf den Wiechenthalerweg, überquert einen Graben und steigt im Wald zur **Einsiedelei** hinauf. Am Schloß Lichtenberg vorbei geht es zur Straße und zum **Parkplatz** hinab.

Die Einsiedelei bei Saalfelden

Die *rote Route* (412 B) führt zuerst auf einer Forststraße bergwärts, verläßt diese am Scheitel der Rechtskehre, überschreitet kurz darauf den Bach und folgt diesem im Wald auf der rechten Seite, bis sie den Graben unter der **Haidensperre** nach links queren kann. Entlang einer strauchbewachsenen Rippe geht es zu einem Felsriegel hinauf, an diesem links entlang und in lichtem Wald steil in einen Graben hinab, sodann auf eine Schulter und rechts über Wiesen höhengleich zur **Steinalm**. Beim Abstieg zur **Einsiedelei** folgt man dem breiten Wanderweg über die Wiesen zum Wald und steigt in diesem zu einer Weggabelung ab. Links geht es auf dem Lehrpfad direkt zum Parkplatz hinab, geradeaus führt der »Fuchssteig zur Einsiedelei, nur für Geübte« weiter. Er erfordert besonders bei nassem Untergrund Vorsicht, da hier schon ein Todesopfer zu beklagen war. Von der **Einsiedelei** steigt man am **Schloß Lichtenberg** vorbei zur Straße und zum **Parkplatz** ab.

37 Lettlkaser und Plattenberg, 1985 m

Jagdhütterl in zauberhafter Lage und stille Aussichtskuppe

Mitterbrand – Lettlkaser – Hainfeldscharte – Plattenberg und zurück

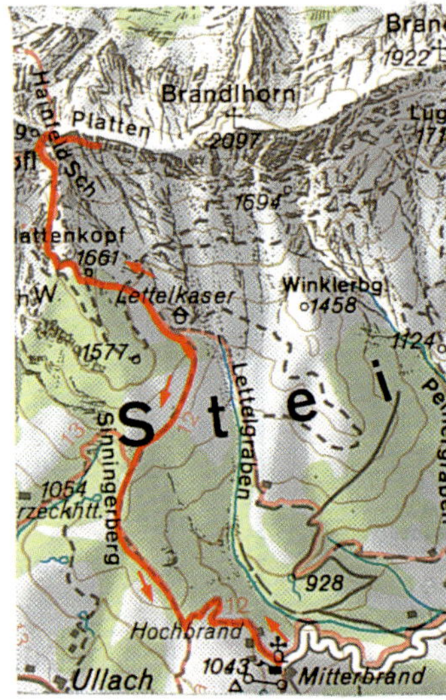

Talort: Leogang, 797 m.
Ausgangspunkt: Gasthaus Mitterbrand, ca. 970 m. Etwa 1,5 km nördlich von Saalfelden, am Ende der Gefällstrecke, zweigt westlich ein Sträßchen nach Euring und Lenzing ab. Kurz hinter Lenzing geht es rechts über Wiesersberg zum Gasthaus Mitterbrand hinauf. Hierher auch über Leogang – Rosental – Otting – Ecking, vor Lenzing links. Beschränkte Parkmöglichkeit in Mitterbrand, Privatgrund!
Gehzeiten: Mitterbrand – Lettlkaser 1½ Std., Lettlkaser – Plattenkopf ca. ½ Std., Plattenkopf – Hainfeldscharte – Plattenberg 1 Std.; Rückweg nach Mitterbrand 1¾ Std.; Gesamtgehzeit knapp 5 Std., nur Lettlkaser 2½ Std.
Höchste Punkte: Lettlkaser, 1441 m; Plattenberg, 1985 m.
Höhenunterschied: Lettlkaser gut 450 m, Plattenberg ca. 1000 m.
Anforderungen: Guter Wanderweg bis Lettlkaser, der Steig zur Hainfeldscharte erfordert stellenweise Trittsicherheit.
Einkehrmöglichkeiten: Gasthaus Mitterbrand.
Sehenswertes: Der Lettlkaser in reizvoller Lage, Aussicht vom Plattenberg auf Sonntagshorn, Reiteralpe, Hocheisgruppe, Watzmann, Hundstod, Steinernes Meer, Saalfeldener Becken, Hohe Tauern mit Glocknergruppe, Birnhorn- und Mitterhorn-Südwand; Leogang (Kirche, Samerhof), Bergbaumuseum Hütten.
Varianten: Plattenkopf – Hochtor – Passauer Hütte bzw. Hainfeldscharte – Hochgrubkar – Passauer Hütte nur für Geübte.

Geradezu märchenhaft und verträumt steht das Lettlkaser-Jagdhütterl auf einem sonnigen Riedel unter den abweisenden Felsflanken der östlichen Ausläufer der Leoganger Steinberge. Mancher wird sich mit der Wanderung hierher bereits zufriedengeben. Und dies mit Recht! Der Anstieg zum Plattenberg wartet jedoch mit weiteren landschaftlichen Überraschungen auf, und beim Abstieg von der Hainfeldscharte hat man am Rückweg immerfort die stolzen Firngipfel der Glocknergruppe im Visier.

Von **Mitterbrand** folgt man dem Sträßchen auf eine Wiesenschulter, dann geht's auf einem Ziehweg rechts in den Wald, bei einer Holztreppe links weiter und abwechselnd an Wald- und Wiesenhängen aufwärts zum **Lettl-**

kaser. Etwas oberhalb der kleinen Hütte quert man links über den Graben und steigt durch lichten Wald auf den unauffälligen **Plattenkopf**, sodann entlang des latschenbewachsenen Hainfeldriedel auf die gleichnamige Scharte und rechts auf die Graskuppe des **Plattenbergs**.
Abstieg wie Anstieg.

Birnhorn, Mitterhorn und Kuchelhorn (von links) über dem Plattenberg

38 Birnbachloch, 1240 m

Naturlehrpfad zu einer Quellhöhle am Fuß des Birnhorns

Parkplatz Birnbachbrücke – Birnbachloch – Priestereck – Parkplatz

Talort: Leogang, 797 m.
Ausgangspunkt: Parkplatz Birnbachbrücke im Ullachtal, gut 850 m. Zufahrt von Leogang, Abzweigung an der Hauptstraße unterhalb der Kirche (Ww. »Naturdenkmal Birnbachloch 10«; 2,2 km bis zur Brücke).
Gehzeiten: Parkplatz – Birnbachloch knapp 1½ Std., Birnbachloch – Priestereck gut 1 Std., Priestereck – Parkplatz ½ Std.; Gesamtgehzeit 3 Std.
Höchster Punkt: Birnbachloch, 1240 m.
Höhenunterschied: Ca. 430 m; ab Leogang gut 500 m.
Anforderungen: Schöne Wanderwege, ums Priestereck sehr waldreich.
Einkehrmöglichkeiten: Gasthaus Priestereck und Gasthäuser in Leogang.
Sehenswertes: Natur- und Geschichtslehrpfad zum Birnbachloch, Karstquelle mit Höhle, der Örgenkessel mit gewaltiger Felsarena über dem wilden Ullachgraben, Kirche, Samerhof und Dorfbild von Leogang, Bergbaumuseum in Hütten.
Varianten: Anstieg von Leogang mit direktem Abstieg von Priestereck ins Dorf gut ½ Std. länger.

Ein Natur- und Geschichtslehrpfad führt vom Parkplatz Birnbachbrücke durch das wilde Ullachtal zum Naturdenkmal Birnbachloch, einer prächtigen, von einer Grotte eingerahmten, kristallklaren Karstquelle am Fuß der über 2600 m aufragenden Birnhorn-Südwand. Das kühle Quellwasser (3,9–5,9 Grad C) dürfte der Ablauf eines unbekannten Sees im Inneren der Leoganger Steinberge sein. Die Wasserführung (Schüttung) am Grottenportal ist sehr von der Jahreszeit und den Niederschlägen abhängig (10 bis mehrere 100 Liter pro Sekunde). Am Fuß der Birnhorn-Südwand liegen jeden Sommer beachtliche Lawinenreste des vorausgegangenen Winters. Um 1890 wurden diese über mehrere Jahre für die Münchner Eiskeller abgebaut und per Bahn dorthin verfrachtet. Fundamente einer Eisbrecherhütte und rekonstruierte Holzrutschen entlang des Weges erinnern an diese Zeit.
Vom **Parkplatz** wandert man kurz am Ufer des Birnbaches entlang, steigt dann rechts über Wiesen zu einer weiteren Weggabelung hinauf, folgt dort

dem linken Pfad Nr. 10 am bewaldeten **Ullachgraben** entlang zu einer Unterstandshütte und geradeaus weiter ins Schuttkar. Rechts neben dem Graben windet sich der Weg über einen Latschenhang zum **Birnbachloch** hinauf. Auf gleicher Route geht's wieder zur Unterstandshütte zurück, wo man rechts zum Birnbach absteigen und jenseits am bewaldeten Hang entlang nach **Priestereck** wandern kann. Hier folgt man ein kurzes Stück dem Sträßchen talwärts bis zur zweiten Abzweigung nach links (Ww. »9b Ullachtal«). Durch Wald und über Wiesen erreicht man den Parkplatz an der **Birnbachbrücke**, sofern man von Priestereck nicht direkt nach Leogang absteigt.

Am Birnbachloch

39 Passauer Hütte, 2033 m

Alpiner Steig zu einer Hütte in luftiger Höhe

Parkplatz Birnbachbrücke – Passauer Hütte und zurück

Talort: Leogang, 797 m.
Ausgangspunkt: Parkplatz Birnbachbrükke, gut 850 m. Zufahrt von Leogang, Abzweigung an der Hauptstraße unterhalb der Kirche (Ww. »Passauer Hütte«, 2,2 km).
Gehzeiten: Parkplatz Birnbachbrücke – Passauer Hütte 3 Std., Rückweg ca. 2 Std.; Gesamtgehzeit ca. 5 Std.
Höchster Punkt: Passauer Hütte, 2033 m.
Höhenunterschied: 1500 m.
Anforderungen: Stellenweise gut gesicherter Alpinsteig, der Ausdauer, vor allem aber Trittsicherheit und Schwindelfreiheit erfordert.
Einkehrmöglichkeiten: Passauer Hütte (AV, bew. Ende Juni bis Anfang Okt., 40 L.).
Sehenswertes: Szenerie um die Passauer Hütte, Fernblick auf die Hohen Tauern, Tiefblick in den Mitterpinzgau, Melkerloch, Ausblick vom Hochzint.
Varianten: 1. Leichtere, aber längere Anstiege zur Passauer Hütte auf Weg 621 vom Hackerbauer bei Weißbach (Frohnwies) oder auf Weg 622 von Dießbach.
2. Melkerloch, ½ Std. von der Hütte.
3. Hochzint, 2243 m, ¾ Std. von der Hütte, vor dem Melkerloch links über kleine Felsstufen, Schwierigkeit rot wie 2.
4. Anstieg von der Passauer Hütte zum Birnhorn (erstklassiger Aussichtsberg!) über Melkerloch und Südwand-Klettersteig nur für Geübte mit alpiner Erfahrung (Schwierigkeit schwarz), 1½ Std.

Die Lage der Passauer Hütte auf der hohen Mittagsscharte der Leoganger Steinberge ist so exklusiv wie der Hüttenanstieg selbst. Dieser wartet besonders im oberen Abschnitt mit beachtlichen technischen Schwierigkeiten auf, mit denen sich nur wenige andere ostalpine Hüttenwege vergleichen lassen. Für den versierten Geher ist die landschaftlich großartige Route ein Genuß und gut mit den Varianten 2 und 3 zu verbinden.
Der Hüttenweg Nr. 40 und 623 führt zuerst kurz am Birnbach entlang, dann rechts über Wiesen zu einer Verzweigung hinauf. Hier folgt man dem rechten Steig in vielen Serpentinen durch Wald, dann über Latschenhänge und gesicherte Felspassagen zum **Hochtor**. Dahinter quert man unterm Fahnenköpfl an Seilen zur Mittagsscharte und steigt links zur Passauer Hütte hinauf. Der **Abstieg** hält sich ganz an die Anstiegsroute.

Birnhorn-Südwand mit dem Hochgrubkar, die Passauer Hütte ist links unten zu sehen

Tourengebiet Saalachtal: Weißbach – St. Martin – Lofer

Das Tourengebiet von Lofer, St. Martin und Weißbach mit den Ausläufern des Steinernen Meeres und den angrenzenden Steinbergen schließt den Wanderbereich um den Hochkönig im Nordwesten ab. Entlang der Saalach und ihren kleinen Zuflüssen bieten sich im Talbereich echte Schnuppertouren in romantischen Schluchten und Klammen, z.B. in der Seisenberg-, Vorderkaser- und Mayrbergklamm, in der Teufels-, Wildental- oder Strohwollnschlucht. Dazu kommt noch die Lamprechtshöhle und – eine ganze Nummer höher gelegen und schwieriger – die Prax-Eishöhle.
Aus der Talperspektive ahnt man nicht, welch großartiges Almgelände und Wandergebiet mit leichten bis schwierigen Routen sich um den Hirschbichl und vor allem um die Kallbrunnalm bei Weißbach versteckt. Auch die eher abweisend wirkende Prachtkulisse der Steinberge über Lofer ist aus dem Hochtal zumindest bis zur Schmidt-Zabierow-Hütte und über den idyllisch gelegenen Wallfahrtsort Maria Kirchental auch für den Wanderer zugänglich. Als meistbesuchtes Wandergelände um Lofer gilt die gleichnamige Alm, die als einzige durch eine Bergbahn erschlossen ist und reichlich Möglichkeiten für verschiedene Wanderungen bietet.
Der Landstrich entlang der Saalach hatte für das bayerische Bad Reichenhall einst größte Bedeutung als Brennstofflieferant für die Sudpfannen der Saline. Nur auf der durch die Stadt fließenden Saalach konnten größere Mengen Holz aus weiter Entfernung herangeschafft werden. Damit der Rohstoff Holz für immer erhalten bliebe, wurde jeder Kahlschlag sofort wieder aufgeforstet; der Begriff vom »ewigen Wald« wurde geboren und zur Maxime erklärt. Für die Holztrift auf der Saalach wurden einst an ihren Ufern Triftsteige angelegt, die zwischenzeitlich verfielen und nun als Wanderrouten wieder hergerichtet werden. Der bayerische Staat besitzt hier in Österreich aufgrund der Salinenkonvention heute noch große Saalforste.
Der Talkessel von Lofer war einst ein strategisch bedeutsamer Punkt mit einer Reihe von Befestigungsanlagen in den Tälern nach Norden, Süden und Westen. Am Kreuzungspunkt des Fuhrwerksverkehrs wuchs hier schon früh ein wichtiger Umschlagplatz, so daß Handel und Gewerbe erblühten. Durch den Bau der heutigen Westbahn von Salzburg über Zell am See und Saalfelden nach Innsbruck geriet der einst florierende Markt ins wirtschaftliche Abseits. Lofer suchte und fand aber schon bald im sich entwickelnden Fremdenverkehr eine echte Kompensationsmöglichkeit. Durch die Errichtung einer Postbuslinie nach Bad Reichenhall wurde schon zu Beginn des 20. Jahrhunderts eine unumgängliche Verbesserung der Infrastruktur erreicht. Auf der Nord-Süd-Achse Salzburg – Lofer – Saalfelden führt auch heute ein wesentlicher Touristenstrom per Bus oder Pkw in das hier vorgestellte Wandergebiet. Eine weitere wichtige Verkehrsader bildet die Bundesstraße über den Paß Strub nach Westen zur Inntalautobahn und nach Innsbruck.

Lofer und seine Steinberge: Ochsenhorn, Reifhörner und Breithorn (von links)

40 Seisenbergklamm – Lamprechtshöhle – Vorderkaserklamm

Drei Schmankerl um Weißbach

Talort / Ausgangspunkt: Weißbach bei Lofer, 666 m.
Gehzeiten: Seisenbergklamm-Rundweg ca. 1¼ Std.; Lamprechtshöhle ca. ½ Std.; Vorderkaserklamm-Rundweg ca. ¾ Std.
Anforderungen: Gut gesicherte, für jedermann gangbare Wege mit einem Höhenunterschied von weniger als 150 m.
Einkehrmöglichkeiten: Gasthäuser Seisenbergklamm und Auvogel in Weißbach, Jausenstationen vor der Lamprechtshöhle und am Eingang zur Vorderkaserklamm, alle während der gesamten Wandersaison bew., Gasthaus Lohfeyer (Mi. Ruhetag).
Sehenswertes: Die beiden Klammen und die Höhle, Naturbadegebiet und Abenteuerspielplätze am Bach zur Vorderkaserklamm.
Varianten: 1. Hinter der Seisenbergklamm kann man zum Gasthaus Lohfeyer und bis zum Hirschbichl weiterwandern, ½ bis 1½ Std.
2. Vom Parkplatz bei der Vorderkaserklamm kann man durch die Roßruckklamm zum Römersattel ansteigen (ca. 1½ Std.).

In der schattigen Seisenbergklamm, beim Verlassen der »Dunkelklamm«

Die Naturdenkmäler der Seisenberg- und der Vorderkaserklamm sind ebenso bequem erreichbar wie die Lamprechtshöhle, da man mit dem Auto bis vor den Eingang fahren kann. Alle drei Sehenswürdigkeiten sind durch Steiganlagen gut erschlossen.

Seisenbergklamm: Vom Klammparkplatz im Dorf **Weißbach** wandert man am gleichnamigen Bach entlang zu einem romantischen Sägewerk mit Wehranlage und dahinter in die Klamm. Sie wird immer enger und düsterer, je weiter man in sie vordringt. »Dunkelklamm« nennt man den finstersten und wildesten Abschnitt, den nur noch wenige Sonnenstrahlen erreichen, während der Bach in der Tiefe donnert und rauscht. Mit einem Male tritt man ins gedämpfte Licht eines schattigen Tales hinaus. Hier folgt man rechts dem Ww. »Klammparkplatz/Weißbachstraße«, der zunächst zur Hirschbichlstraße hinaufführt. Ihr folgt man nach rechts bis vor ein einzelnes Haus, um dort erneut rechts und abseits der Straße nach **Weißbach** abzusteigen.

Lamprechtshöhle: Etwa 1 km von Weißbach in Richtung Lofer entfernt, liegt links der Bundesstraße die Lamprechtshöhle. Von polnischen Höhlenforschern wurde, vom hohen Ebersbergkar absteigend, zu Beginn der 90er Jahre ein gewaltiges Höhlensystem entdeckt, das mit der Lamprechtshöhle verbunden ist. Für die Öffentlichkeit ist nur der Eingangsbereich zugänglich, den ein kleiner Wasserfall mit seinem Rauschen erfüllt.

Vorderkaserklamm: Etwa 3 km hinter Weißbach in Richtung Lofer zeigt links ein Wegweiser zum »Naturbadegebiet« und zur »Vorderkaserklamm«. Ein reizvoller Bachlauf mit Abenteuerspielplätzen lockt Kinder und Junggebliebene in den Schüttachgraben. Am Ende des für den Verkehr freigegebenen Sträßchens ist der Zugang zur Vorderkaserklamm, die im Winter 1881/82 gangbar gemacht wurde. Eine in Stenografie gemeißelte Inschrift am Ausgang der eindrucksvollen Schlucht berichtet davon. Hinter der Klamm kann man im Linksbogen auf einem Wanderweg durch lichten Wald zum Parkplatz absteigen.

41 Kühkranz, 1811 m, und Hochkranz, 1953 m

Unterschiedliches Gipfelpaar über der Kallbrunnalm

Pürzlbach – Kallbrunnalm – Kühkranz – Hochkranz – Pürzlbach

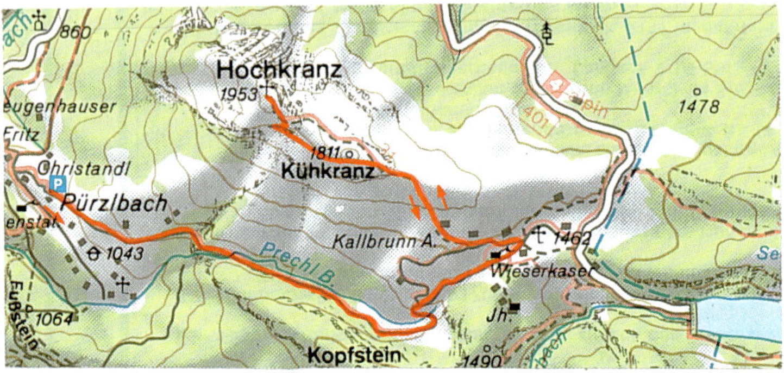

Talort: Weißbach bei Lofer, 666 m.
Ausgangspunkt: Pürzlbach, oberer Parkplatz, knapp 1100 m. Zufahrt von Weißbach auf der Hirschbichlstraße 1 km zu einer Straßengabelung, dort rechts nach Pürzlbach hinauf (einige gebührenpflichtige Parkplätze). Kleinbusverkehr an einigen Tagen der Woche von Weißbach zur Kallbrunnalm (Tel. 06582/8355).
Gehzeiten: Pürzlbach – Kallbrunnalm 1¼ Std., Kallbrunnalm – Kühkranz gut 1 Std., (Kühkranz - Hochkranz und zurück 1 Std.) – Kühkranz – Kallbrunnalm – Pürzlbach 1½ Std.; Gesamtgehzeit ca. 4 Std. ohne, 5 Std. mit Hochkranz.
Höchste Punkte: Kühkranz, 1811 m; Hochkranz, 1953 m.
Höhenunterschied: Kühkranz ca. 750 m, Hochkranz ca. 900 m.
Anforderungen: Breite Almstraße zur Kallbrunnalm, Wiesensteig zum Kühkranz, Klettersteig bzw. leichte Kletterei zum Hochkranz (Normalweg von Süden nur für Geübte, Schwierigkeit »schwarz«, Ostgrat noch schwieriger, nur für erfahrene Bergsteiger, II. Grad).
Einkehrmöglichkeiten: Jausenstation Pürzlbach (Mo. Ruhetag), Jausenstation Kallbrunnalm, beide während der Wandersaison bew.
Sehenswertes: Das weitläufiges Almgelände um die Kallbrunnalm mit schönem Blick auf die Leoganger Steinberge, zum Gr. Hundstod und zur Hocheisgruppe. Die Aussicht steigert sich noch erheblich auf den Gipfeln, besonders am Hochkranz. Die Alpenflora am Kühkranz im Bergfrühling.
Varianten: 1. Zugang zur Kallbrunnalm auch vom Parkplatz bei Hinterthal, etwa gleiche Zeit.
2. Abstecher von der Kallbrunnalm zum Dießbachstausee, ca. ¾ Std. hin und zurück.

Das Wandergebiet um die Kallbrunnalm bietet für jeden etwas. Der eine freut sich über den bequemen Zugang auf einer Forststraße ins größte Almgelände der Berchtesgadener Alpen, der andere findet die breite Straße fad, wird

aber am Hochkranz, sofern er sich diesen Gipfel zutrauen darf, voll entschädigt.
Von **Pürzlbach** folgt man einer breiten Forststraße zum Landschaftsschutzgebiet um die Kallbrunnalm. An der Straßenkehre bei der zweiten Almhütte (Weg-Nr. 31) und kurz hinter der Jausenstation zweigt scharf links ein weiteres Sträßchen zum höchstgelegenen Kaser ab, danach führt ein Wiesensteig auf die Kammhöhe und von dort steil auf die Kuppe des **Kühkranz**. Der Weiterweg zum **Hochkranz** bleibt dem Geübten vorbehalten. Dem Wegweiser »Hochkranz – gesicherter Steig« folgend, steigt man links, z.T. über Schutt, 50 m ab, quert auf schmalem Pfad rechts unter die Südflanke und gewinnt über drahtseilgesicherte Stufen und Bänder ein großes Latschenfeld. Zuletzt geht es durch eine steinschlaggefährdete Rinne auf die Grathöhe und links auf den **Gipfel**. Die luftige Ostgrat-Route ist ein Genuß für den mit leichten Kletterführen vertrauten Bergsteiger.
Auf dem Normalweg steigt man nach **Pürzlbach** ab.

Blick vom Hochkranz auf die Felskulisse der Reiteralpe

42 Seehorn, 2321 m

Attraktiver Gipfel am Rande des Steinernen Meeres

Pürzlbach – Kallbrunnalm – Seehornsee – Seehorn und zurück

Talort: Weißbach bei Lofer, 666 m.
Ausgangspunkt: Pürzlbach, oberer Parkplatz knapp 1100 m. Zufahrt von Weißbach auf der Hirschbichlstraße 1 km bis zu einer Straßengabelung, dann rechts nach Pürzlbach (einige gebührenpflichtige Parkplätze). Kleinbusverkehr an einigen Tagen der Woche von Weißbach zur Kallbrunnalm (Tel. 06582/8355).
Gehzeiten: Pürzlbach – Kallbrunnalm 1¼ Std., Kallbrunnalm – Seehornsee 1½ Std., Seehornsee – Seehorn 1½ Std., Rückweg nach Pürzlbach knapp 3 Std.; Gesamtgehzeit ca. 7 Std.
Höchster Punkt: Seehorn, 2321 m.
Höhenunterschied: 1250 m.
Anforderungen: Almstraße zur Kallbrunnalm, dann markierter Bergsteig, der Trittsicherheit und gute Kondition sowie ausreichende Sicht erfordert. Genügend Flüssigkeit mitnehmen!
Einkehrmöglichkeiten: Jausenstation Pürzlbach (Mo. Ruhetag), Jausenstation Kallbrunnalm (beide während der Wandersaison bew.).
Sehenswertes: Kallbrunnalm, Seehornsee, Sennerinkreuz, Panorama am Seehorn: Hocheisspitze, Hochkalter, Watzmann, Hoher Göll, Gr. Hundstod, Steinernes Meer mit Hochkönig, Goldberg-, Glockner-, Venedigergruppe, Zillertaler Alpen, Leoganger und Loferer Steinberge, Chiemgauer Alpen.
Variante: Konditionsstarke können vom Seehorn im Rahmen einer Rundtour über Kematenschneid – Hochwieskessel – Dießbachstausee zur Kallbrunnalm absteigen, zusätzlich 1½ Std.

Das Seehorn verdankt seiner isolierten Stellung zwischen Steinernem Meer und der Hocheisgruppe den guten Ruf als Aussichtsgipfel. Wanderer wie Tourengeher schätzen dies, deshalb bekommt es sommers wie winters Besuch.

Von **Pürzlbach** wandert man auf einer Forststraße zur **Kallbrunnalm**, dann über das weite Plateau hinweg, bis man hinter einer Straßengabelung auf die

Im Spätherbst am Sennerinkreuz, im Hintergrund Leoganger und Loferer Steinberge

Abzweigung zum Seehorn (Nr. 30) stößt. Nach einer Wald- und Latschenzone steht man hinter einer kleinen Geländeschwelle plötzlich vor dem in eine Grube gebetteten **Seehornsee**, in dem sogar kleine Fische zu entdecken sind. Dahinter steigt man in einem langgezogenen Linksbogen über felsiges Gelände zu einem großen Dach an, das oben von einem Felsriegel abgegrenzt ist. Links bietet sich ein guter Durchschlupf auf ein weiteres Riesendach mit dem Sennerinkreuz. Man braucht nicht viel Phantasie, um sich vorzustellen, wie die »Sendin Gertraud« hier auf der Suche nach den Schafen im Schneesturm die Orientierung verlor, den Durchschlupf durch den Felsriegel nicht mehr fand und erfror. Und dies im August! In der Nähe der rechten Dachkante führt der Weg zum **Gipfelkreuz**. **Abstieg** wie Anstieg.

43 Ingolstädter Haus, 2119 m

Bergsteigerstützpunkt im Steinernen Meer

Pürzlbach – Kallbrunnalm – Dießbachstausee – Ingolstädter Haus und zurück

Talort: Weißbach bei Lofer, 666 m.
Ausgangspunkt: Pürzlbach (gebührenpflichtiger Parkplatz, knapp 1100 m), Zufahrt von Weißbach auf der Hirschbichlstraße 1 km zu einer Straßengabelung, dann rechts nach Pürzlbach. Kleinbus an einigen Tagen der Woche von Weißbach zur Kallbrunnalm und zum Dießbachstausee (Tel. 06582/8355).
Gehzeiten: Pürzlbach – Kallbrunnalm 1¼ Std., Kallbrunnalm – Dießbachstausee – Ingolstädter Haus 3 Std., Rückweg nach Pürzlbach 3 Std.; Gesamtgehzeit gut 7 Std.
Höchster Punkt: Ingolstädter Haus, 2119 m.
Höhenunterschied: Knapp 1200 m (incl. Gegenanstieg am Dießbachstausee).
Anforderungen: Alm- und Versorgungssträßchen zur Kallbrunnalm und zum Materialaufzug der Hütte, dann markierter, z. T. recht steiniger Steig.
Einkehrmöglichkeiten: Jausenstation Kallbrunnalm (bew. während der ganzen Wandersaison), Ingolstädter Haus (AV, bew. Mitte Juni bis Anf. Okt., ca. 100 L. + B., Tel. 06582/8353), Jausenstation Pürzlbach (Mo. Ruhetag).
Sehenswertes: Almgelände um die Kallbrunnalm, herrlicher Lärchenwald hinter dem Dießbachstausee, Tiefblick zu dem von den Loferer Steinbergen und dem Seehorn eingerahmten See, Lage des Ingolstädter Hauses am Rand des Steinernen Meeres, Gr. Hundstod.
Varianten: 1. Als Ausgangspunkt für die Tour kann auch der Parkplatz bei Hinterthal gewählt werden, siehe Touren 41/42, gleiche Anstiegszeit.
2. Der Anstieg aus dem Saalachtal über den Dießbach-Klettersteig ist prächtig, bietet aber stellenweise viel Luft unter den Sohlen; er bleibt dem Geübten vorbehalten (Schwierigkeit schwarz, siehe das Kapitel Rundtouren am Ende des Führers!).
3. Wem die Wanderung für einen Tag zu lang erscheint, sollte die Übernachtungsmöglichkeit am Ingolstädter Haus nutzen.
4. Gr. Hundstod, 2594 m, 1¾ Std. im Anstieg, Schwierigkeit schwarz, steiles Schrofengelände, Trittsicherheit und Schwindelfreiheit besonders beim Abstieg erforderlich, nicht bei Nässe begehen!

Das Ingolstädter Haus mit Steinernem Meer und Schönfeldspitze (links)

Die Wanderung von Pürzlbach oder von Hinterthal über die Kallbrunnalm zum Ingolstädter Haus ist zwar lang, doch nicht minder lohnend. Zudem ist dieser Bergsteigerstützpunkt im Steinernen Meer gewöhnlich nicht so überlaufen wie Riemannhaus oder Kärlingerhaus. Mit dem Großen Hundstod steht außerdem ein mächtiger und lohnender Felskoloß vor der Tür.

Von **Pürzlbach** folgt man dem Sträßchen zur **Kallbrunnalm** und zweigt dahinter bei einer Straßengabelung rechts zum **Dießbachstausee** und Ingolstädter Haus (Weg 401, 411) ab. Hinter dem Staudamm geht es im hohen Bogen am Südufer entlang, dann durch einen prächtigen Hochwald zum Materialaufzug des Ingolstädter Hauses. Nun führt ein steiniger Pfad zu einer Weggabelung, dort rechts und über Schutthänge von links auf den Absatz der Mitterkaserwand und am Sockel des Kleinen Hundstod entlang zum **Ingolstädter Haus** auf der Dießbachscharte.

Für den **Abstieg** wählt man die bekannte Anstiegsroute.

44 Karlkogel, 2195 m, und Kammerlinghorn, 2484 m

Stolze Felsbastion über dem Saalachtal

Parkplatz Hinterthal – Kammerlingalm – Karlboden – Karlkogel – Kammerlinghorn und zurück

Talort: Weißbach bei Lofer, 666 m.
Ausgangspunkt: Parkplatz bei Hinterthal, 979 m. Zufahrt von Weißbach auf der Hirschbichlstraße bis zum Sperrschild bei Straßenkilometer 4,8.
Gehzeiten: Parkplatz – Kammerlingalm 1 Std., Kammerlingalm – Karlboden ca. 2 Std., Karlboden – Karlkogel 1 Std., Karlkogel – Kammerlinghorn ca. 1 Std.; Kammerlinghorn – Parkplatz gut 3 Std.; Gesamtgehzeit ca. 8 Std.
Höchste Punkte: Karlkogel, 2195 m; Kammerlinghorn, 2484 m.
Höhenunterschied: Karlkogel gut 1200 m, Kammerlinghorn gut 1500 m.
Anforderungen: Sträßchen bis Kammerlingalm, dann über weite Strecken steiles Gelände, das neben stabiler Wetterlage auch Trittsicherheit und sehr gute Kondition erfordert. Bei Nässe abzuraten! Genügend Flüssigkeit mitnehmen!
Einkehrmöglichkeiten: Gasthaus Hirschbichl (etwas abseits der Route, jenseits der gleichnamigen Paßhöhe, Di. Ruhetag).
Sehenswertes: Prachtvoller Aussichtsberg: Reiteralpe, Hocheisgruppe, Steinernes Meer mit Gr. Hundstod, Hochkönig, Hohe Tauern und Zillertaler Alpen, Leoganger und Loferer Steinberge, Karwendel, Chiemgauer Alpen.

Neben der Tour auf den Hochkönig zählt das Kammerlinghorn zu den physisch anspruchsvollsten Bergfahrten dieses Wanderführers. Der Berg bietet jedoch mit der Kammerlingalm ein recht bescheidenes, mit dem Karlboden und dem Karlkogel zwei mit zunehmender Höhe sich in jeder Hinsicht steigernde Teilziele an, so daß jeder auf seine Rechnung kommen kann.

Auf der steilen Hirschbichlstraße bis zur Straßengabelung bei der Geländeverflachung, dort auf einer Forststraße (Schranke) rechts zur **Kammerlingalm**. Nun links über Wiesen steil zum Wald, dahinter über einen felsdurch-

setzten Latschenhang auf den **Karlboden**. Rechts am Kamm entlang auf den **Karlkogel** und zuletzt über eine ausladende, wie ein Riesendach wirkende Hangfläche aufs **Kammerlinghorn** (Weg Nr. 29).
Beim **Abstieg** bleibt man ganz am Anstiegsweg!

Blick vom Kammerlinghorn auf Großen Hundstod (rechts) und Hochkönig (Mitte)

45 Litzlalm und Litzlkogel, 1625 m

Bequemer Almweg – steiler Bergpfad

Parkplatz Hinterthal – Hirschbichl/Paßhöhe – Litzlalm – Litzlkogel und zurück

Talort: Weißbach bei Lofer, 666 m.
Ausgangspunkt: Parkplatz bei Hinterthal, 979 m. Zufahrt von Weißbach auf der Hirschbichlstraße bis zum Sperrschild bei Straßenkilometer 4,8.
Gehzeiten: Parkplatz – Hirschbichl/Paßhöhe ¾ Std., Paßhöhe – Litzlalm gut ½ Std. (auf der Forststraße etwas länger), Litzlalm – Litzkogel 1 Std., Litzlkogel – Hinterthal – Parkplatz 1¾ Std.; Gesamtgehzeit 4 Std.
Höchste Punkte: Litzlalm, 1334 m; Litzlkogel, 1625 m.
Höhenunterschied: Litzlalm ca. 360 m, Litzlkogel ca. 650 m.
Anforderungen: Straße und Wanderweg zur Litzlalm; Almstraße mit anschließendem alpinem Steig zum Litzlkogel (Trittsicherheit und kurzzeitig auch Schwindelfreiheit erforderlich, Schwierigkeit rot).
Einkehrmöglichkeiten: Jausenstation Litzlalm (bew. Pfingsten bis Mitte Okt., Mo. ab 17 Uhr geschlossen), Gasthaus Hirschbichl hinter der Paßhöhe, (Di. Ruhetag), Gasthaus Lohfeyer auf der Zufahrtsroute (Mi. Ruhetag).
Sehenswertes: Prachtvolle Kulisse der Litzlalm, Panorama vom Litzlkogel: Reiteralpe, Untersberg, Hocheisstock, Steinernes Meer mit Hundstod und Seehorn, Leoganger und Loferer Steinberge, Chiemgauer Alpen.
Variante: Zufahrt von Weißbach zum Hirschbichl mit Kleinbus (verkehrt an einigen Tagen der Woche, Tel. 06582/8355), Wanderung wie oben, doch Abstieg von der Litzlalm über Eiblkapelle in die Wildenbachschlucht und zur Bushaltestelle an der Saalachtal-Bundesstraße, von dort mit Bus (BB-Linie 3062) oder zu Fuß am Saalachtalwanderweg nach Weißbach zurück, gut 2 Std. bis Haltestelle, zusätzlich 1¼ Std. bis Weißbach.

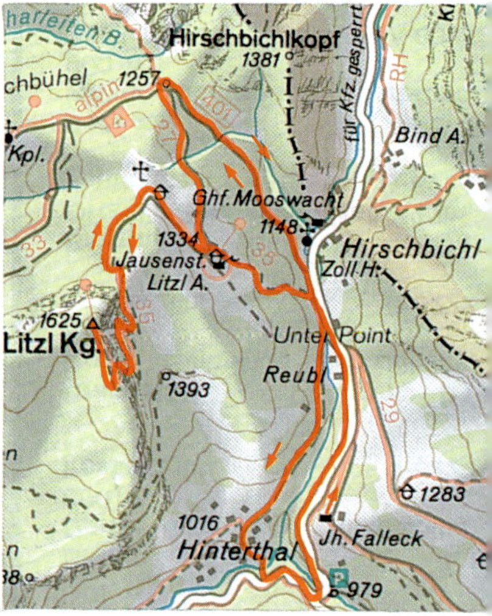

Eine kurze, aber reizvolle Almwanderung mit einer interessanten Felskulisse und einem bescheidenen Gipfel, der sich vor dem großen Zulauf hinterm Wald versteckt und sich durch eine für den weniger Geübten anspruchsvolle Stelle verteidigt.

Von **Hinterthal** erreicht man über die steile Bergstraße ihren Scheitelpunkt am Hirschbichlpaß (1,8 km ab Parkplatz). Nun gibt es zwei Wege zur

Blick über die Litzlam zur Reiteralpe

Litzlalm: Entweder direkt am Hirschbichl links ab, über einen Steg und durch Hochwald, zuletzt über Wiesen zur Alm. Oder ca. 100 m hinter der Paßhöhe links auf einer Forststraße über Hufnagl 2,4 km zur Jausenstation **Litzlalm** (etwas länger und bequemer). Gipfelaspiranten folgen dem Sträßchen über eine große Schleife bergwärts zur höchstgelegenen Hütte mit Kreuz und im Linksbogen weiter bis zu ihrem Ende. Auf einem manchmal morastigen Waldsteig gewinnt man zur Linken eine Scharte. Hier wendet man sich rechts und trifft nach einem kleinen Schutt- und Blockhang auf die Schlüsselstelle des Anstiegs, einem mit Drahtseil gut gesicherten Felsblock und ein Schuttband. Dahinter geht's über eine Schulter hinweg und im Rechtsbogen durch Latschen- und Felsengassen zum bescheidenen **Gipfel**.
Der **Abstieg** vollzieht sich bis zum Hirschbichl auf einer der Anstiegsrouten. Nun kann man wählen: Entweder auf der Straße zum Parkplatz zurück oder etwas länger auf der Sonnenseite des Hochtales rechts nach **Hinterthal** hinab. Hier geht's auf einer Brücke über den Graben und auf der Hirschbichlstraße ein kleines Stück zum Parkplatz hinauf.

46 Großes Hundshorn, 1703 m

Zwei romantische Schluchten und ein großartiger Aussichtspunkt

Wildental – Strohwollner Schlucht – Scheffsnothalm – Großes Hundshorn – Hundsalm – Pechtl – Wildenbachschlucht – Wildental

Talort: St. Martin bei Lofer, 634 m.
Ausgangspunkt: Wildental gegenüber von St. Martin, 640 m. Begrenzte und beengte Parkmöglichkeit entlang der Straße jenseits der Saalach.
Gehzeiten: Wildental – Strohwollner Schlucht – Scheffsnothalm 2¼ Std., Scheffsnothalm – Hundssattel – Gr. Hundshorn 1¼ Std., Gr. Hundshorn – Hundssattel – Hundsalm – Pechtl 1½ Std., Pechtl - Wildenbachschlucht - Wildental 1½ Std.; Gesamtgehzeit ca. 6½ Std.
Höchster Punkt: Gr. Hundshorn, 1703 m.
Höhenunterschied: Ca. 1100 m.
Anforderungen: Sträßchen, überwiegend aber Wanderwege und Steige, die stellenweise keine Unachtsamkeit dulden. Trittsicherheit erforderlich! Die Hinweisschilder beim Cafè Marianne in Wildental geben Auskunft über die Begehbarkeit der Wildenbachschlucht; bei Unbegehbarkeit über die Fahrstraße absteigen.
Einkehrmöglichkeiten: Keine Einkehrmöglichkeit auf der Tour, nur am Ausgangspunkt und in St. Martin.
Sehenswertes: Strohwollner Schlucht, Gelände um die Scheffsnothalm, Panorama am Gr. Hundshorn (Sonntagshorn, Reiteralpe, Hocheisgruppe, Leoganger und Loferer Steinberge), Wildenbachschlucht, Saalachtal mit Saalachdurchbruch.
Variante: Da von Wildental zum Pechtl Fahrerlaubnis besteht, wird das Große Hundshorn auch von dort aus bestiegen. Um Parkerlaubnis bitten! Anstiegshöhe ca. 750 m, Gesamtgehzeit ca. 4 Std.

Blick vom Gr. Hundshorn auf Häuslhorn, Wagendrischlhorn und Stadelhorn (von links)

Man sieht es den Waldbergen östlich der Saalach bei Lofer nicht an, welch interessante Wandermöglichkeiten sie bieten und welch großartiger Aussichtspunkt beispielsweise das Große Hundshorn ist.

In **Wildenta**l folgt man am Sockel der Bergstraße dem linken Sträßchen nach **Strohwolln**, steigt hinter den Häusern am reizvollsten über die Steiganlage durch die Schlucht an – eine Umgehung links davon ist möglich – und gewinnt auf den zahlreichen Serpentinen eines Waldsteiges rasch an Höhe (Weg 24). Beim Götschen (Ötscher) flacht das Gelände ab, und der Weg führt rechts zur **Scheffsnothalm** hinaus (Rastplatz mit Brunnen). Man quert nun den Almkessel leicht steigend auf der rechten Seite zum **Hundssattel** hinauf, wendet sich dort nach links und gelangt über den Vorgipfel auf den Hauptgipfel. Wieder zum Hundssattel zurück, dann links einen Steilhang queren und gleich hinter einem Waldstück rechts zu einer Hütte und einem Brunnen der Hundsalm hinab. Hier bietet ein Almsträßchen (Weg 23) einen bequemen Abstieg zum **Pechtlhof** an. Von dort auf der Fahrstraße über mehrere Schleifen talwärts, bis links ein Wanderweg in die **Wildenbachschlucht** hinab- und zur Saalach hinausführt, der man zuletzt durch ein kleines Felsenlabyrinth nach **Wildental** folgt.

47 Prax-Eishöhle

Spannende Höhlentour mit Rückblende in die Erdgeschichte

Maria Kirchental – Prax-Eishöhle und zurück

Talort: St. Martin bei Lofer, 634 m.
Ausgangspunkt: Maria Kirchental, 880 m. Mautstraße von St. Martin (2 km) oder zu Fuß auf dem Pilgersteig in gut ½ Std., Abzweigung kurz hinter der Mautstelle.
Gehzeiten: Maria Kirchental - Prax Eishöhle 2 Std., Höhlenführung ca. 2 Std., Eishöhle - Maria Kirchental 1½ Std.; Gesamtgehzeit ca. 5½ Std., Gesamtdauer incl. Führung 7–9 Std. ab Maria Kirchental.
Höchster Punkt: Prax-Eishöhle, ca. 1600 m.
Höhenunterschied: Knapp 750 m bis Höhleneingang, in der Höhle ca. 50 m.
Anforderungen: Die Führung durch die versperrte Prax-Eishöhle erfolgt durch einen staatl. geprüften Höhlenführer nach vorheriger Anmeldung bei Franz Meiberger, Kreuzfeldsiedlung 328, A-5090 Lofer, Tel. 06588/519 (evtl. auch Fremdenverkehrsverband St. Martin, Tel. 06588/520). Teilnahmebedingung: 15. Lebensjahr, ausreichende Kondition, Trittsicherheit und kurzzeitig auch etwas Schwindelfreiheit, ferner feste Bergschuhe oder Gummistiefel mit Profilsohle. Vor Beginn der Führung sollte man warme und trockene Kleidung anziehen (Höhlentemperatur um 0 Grad C)! Vom Höhlenführer werden gestellt: Helm mit Beleuchtung, Überhose und Jacke, Handschuhe und Brustgurt. Stiefel sind gegen gesonderte Leihgebühr erhältlich. Die Route ist mit Leitern und Seilen gesichert. Die Höhle wird zumeist aufrechtgehend, stellenweise in gebückter Haltung und kurzzeitig auf einem Brett kriechend durchquert.
Einkehrmöglichkeiten: Kirchentalwirt am Ausgangspunkt (Mo. Ruhetag).
Sehenswertes: Die Prax-Eishöhle mit ihren Gängen und Hallen, Eisgebilden und Fossilien, gelegentlich auch mit höhlenliebenden Tieren (z.B. Wegdornspanner, Zackeneule, Fledermäuse); Ausblick auf Reiteralpe, Steinernes Meer und Loferer Steinberge; Kessel von Maria Kirchental und seine Wallfahrtskirche.

Die Prax-Eishöhle ist eine Durchgangshöhle, d.h. man kommt an anderer Stelle heraus, als man sie betreten hat. Eine Begehung ist höchst interessant und um so schöner, je früher im Jahr (Mai /Juni) sie durchgeführt werden kann. Die Höhle ist im Tertiär und in den Eiszeiten vor Millionen Jahren durch die aushöhlende Wirkung von Wasser und Frost entstanden. Die romantische Führungsroute ist ca. 1 km lang, geht im mehrfachen Auf und Ab durch Gänge, Tunnels und große Hallen von Ost nach West durch den Bergrücken der Prax und wieder zurück, sie folgt dabei dem Weg des eiszeitlichen Gletscherwassers. Vorher wandert man mit dem Höhlenführer von Maria

Kirchental auf Weg 613, dem Schärdinger Steig, durch Wald bis an seine Grenze hinauf, wo bei einem Brunnen der Zugang zur Prax-Eishöhle abzweigt. An ihrem Eingang kleidet man sich für die Höhlentour um und richtet die Karbidlampen her. Die Begleitung durch den Höhlenführer vermittelt Kompetenz und Sicherheit im Labyrinth des Erdinneren, wo einem die Geschichte der Erde aufgeblättert wird.

Mit Höhlenführer Meiberger (rechts) durch die Prax-Eishöhle

48 Schmidt-Zabierow-Hütte, 1966 m

Stiller Wächter über dem Loferer Becken

Loferer Hochtal – Schmidt-Zabierow-Hütte und zurück

Talort: Lofer, 626 m.
Ausgangspunkt: Parkplatz im Loferer Hochtal, ca. 800 m. Von der Verzweigung der Bundesstraßen in Lofer noch 1,3 km in Richtung Innsbruck, dann links ins Hochtal hinauf; an einer Gabelung erneut links zum Straßenende.
Gehzeiten: Loferer Hochtal – Schmidt-Zabierow-Hütte ca. 3½ Std., Rückweg 2 Std.; Gesamtgehzeit ca. 5½ Std.
Höchster Punkt: Schmidt-Zabierow-Hütte, 1966 m.
Höhenunterschied: Ca. 1150 m.
Anforderungen: Breiter, markierter Steig, stelllenweise Trittsicherheit erforderlich.
Einkehrmöglichkeiten: Schmidt-Zabierow-Hütte (AV, bew. Ende Juni bis Ende Sept., ca. 70 L.+ B., Tel. 06588/7284).
Sehenswertes: Die riesigen Kare und die Felsarena um die Hütte, Tiefblick ins Loferer Becken, Bergflora.
Varianten: 1. Von den markierten Steigen zu den Gipfeln um die Zabierow-Hütte erscheint der aufs Gr. Hinterhorn, 2506 m, am einfachsten (großartiger Aussichtsberg, ca. 2 Std. im Anstieg), der Weg dorthin ist jedoch merklich schwieriger als der zur Hütte.
2. Auf dem Schärdinger Steig von Maria Kirchental zur Hütte; länger, anspruchsvoll.

Unter dem Großen Hinterhorn (vgl. Variante 1) – weite Schau nach Westen

Die Schmidt-Zabierow-Hütte, der einzige Bergsteigerstützpunkt in den Loferer Steinbergen, liegt hoch droben am Eingang in die beiden Wehrgruben. Sie ist mit gutem Auge bereits aus dem Loferer Tal auszumachen. Die Felsaufbauten von Ochsenhorn, Reifhorn und Breithorn bilden eine imposante Kulisse. Schade, daß der Bergsommer auf der Hütte relativ kurz ist.
Vom **Loferer Hochtal** führt der Hüttenweg zuerst in den hinteren Kessel, dann links über einen steilen, bewaldeten Sockel unter die Schwarze Wand, wo er sich mehr nach rechts wendet (1. Wasserstelle) und bald den Waldgürtel verläßt. Über alte Schafweiden, das Untere (2. Wasserstelle), Mittlere und Obere Trett schlängelt sich der Steig zu einer Karrenzone und zu dem nun sichtbaren **Unterkunftshaus** hinauf.
Der **Abstieg** verläuft ganz am Anstiegweg.

49 Auf der Loferer Alm

Zwei abwechslungsreiche Rundtouren über einem lieblichen Almgelände

***Dietrichshorn-Runde:* Loderbichl – Bimalm – Schwarzeckalm – Hoisenhöhe – Thällernkogel – Thällernalm – Astenalm – Bimalm – Loderbichl**
***Grubhörndl:* Schönblick – Grubhörndl/Nordsteig – Lachfeldschneid – Schönblick**

Talort: Lofer 626 m.
Ausgangspunkte: *Dietrichshorn-Runde:* Loderbichl, 1002 m. Zufahrt über Mautstraße oder mit Kabinenbahn von Lofer.
Grubhörndl: Auf Mautstraße oder mit Loferer-Alm-Bahn und Taxibus bis Schönblick, 1425 m.
Gehzeiten: *Dietrichshorn-Runde:* Loderbichl – Wasserfallweg – Bimalm – Schwarzeckalm 1¾ Std., Schwarzeckalm – Hoisenhöhe – Thällernkogel – Thällernalm 1½ Std., Thällernalm – Astenalm – Bimalm – Loderbichl 1½ Std.; Gesamtgehzeit knapp 5 Std.
Grubhörndl: Schönblick – Grubhörndl über Nordsteig 1¼ Std., Grubhörndl – Lachfeldschneid – Schönblick 1 Std.; Gesamtgehzeit 2¼ Std.
Höchste Punkte: Dietrichshorn, 1542 m; Thällernkogel, 1329 m; Grubhörndl, 1747 m.
Höhenunterschied: 350–600 m.
Anforderungen: Gut markierte Wanderwege, stellenweise feuchte Passagen, die bei nasser Witterung morastig und rutschig sein können.
Einkehrmöglichkeiten: Loderbichl, Haus Gertraud in der Sonne, Soderkaser, Schönblick.
Sehenswertes: Wasserfallweg, Gelände der Loferer Alm, Thällernalm mit Kulisse der Steinberge, Panorama am Grubhörndl: Loferer Steinberge, Rofan, Bayerische Voralpen, Chiemgauer und Berchtesgadener Alpen bis zum Hochkönig.
Varianten: 1. Schönbühel (Sender), 1623 m. Von Schönblick in Richtung Grubhörndl, in der Almmulde rechts über »Märchenwaldsteig« zum Sender und auf der Straße nach Schönblick (1 Std., gut mit dem Grubhörndl zu verbinden).
2. Schönblick – Schwarzeck (Weg 8 zum Sennerinkreuz), rechts zur Schwarzeckalm hinab, beim letzten Kaser rechts zur Bimalm, dort wieder rechts zur Loferer Alm hinauf und auf der Straße nach Schönblick (1½ Std.).
3. Dietrichshorn, 1542 m. Nordwestanstieg über Klettersteig, nur für Geübte, Schwierigkeit schwarz. Südostabstieg zur Thällernalm etwas leichter, deshalb gerne im Auf- und Abstieg benutzt. Trittsicherheit und Schwindelfreiheit sind im felsdurchsetzten, steilen Waldgelände unerläßlich! Abzweigung zwischen Asten- und Thällernalm gut beschildert, 1 Std. für Auf- und Abstieg.

Die Loferer Alm, ein bequem erreichbares Wandergebiet, kann neben zahlreichen leichten Routen auch zwei Mini-Klettersteige bieten und überrascht auf dem höchsten Punkt des Almgeländes, dem Grubhörndl, mit einem sehenswerten Panorama.
Die *Dietrichshorn-Runde* führt von der Bergstation beim **Loderbichl** auf einem schattigen Waldweg rechts von der Straße zu einem **Wasserfall**, links davon zu einem Steg und zur **Bimalm** hinauf. Hier geht es nordwärts über einen Grashang zur **Schwarzeckalm** und rechts über einen weiten Sattel auf

Die Thällernalm mit den Loferer Steinbergen und dem Grubhörndl im Hintergrund

einer Almstraße auf das Dietrichshorn zu. Wer nur zur Thällernalm und/oder auf der leichteren Route zum Dietrichshorn gehen will, zweigt nahe der Astenalm rechts ab und wandert durch den Wald rechts um das Dietrichshorn herum. Die größere Runde läuft auf der Straße links am Dietrichshorn vorbei (Abzweigung des Klettersteiges 6 A gleich nach dem Scheitelpunkt der Straße, siehe Variante 3) und zu einer Gabelung vor der **Hoisenhöhe** hinab. Dort geht es scharf rechts in Richtung Unken weiter. Zwischen zwei Hütten beginnt rechts der Gegenanstieg auf einen Sattel (Abzweigung links zum **Thällernkogel**, 5 Min. zum Kreuz) und südwärts zur **Thällernalm** hinab. Der Wanderweg führt stets am rechten Hang entlang durch den Wald südlich ums **Dietrichshorn** herum zur **Astenalm** und zur Schwarzeckalm hinauf. Von hier geht es entlang der Anstiegsroute über die Bimalm zum **Loderbichl** zurück.

Die Loferer Steinberge vom Grubhörndl

Zum *Grubhörndl* folgen wir der Asphaltstraße von Schönblick auf den Sender zu und zweigen auf halber Strecke hinter einer Alm links ab (Weg 201 A). In weitem Bogen geht es durch eine Almmulde auf das Grubhörndl hinüber, wo wir zuerst von links einen Steig von der Loferer Alm aufnehmen und weiter oben auf eine weitere Gabelung treffen. Der kürzere und steilere **Nordsteig** führt links zu einer Hütte und dahinter zu einer Skiabfahrt. Oberhalb eines Schneezaunes zweigt er von dieser rechts ab und erreicht über felsdurchsetztes Latschengelände und einen Vorgipfel das **Grubhörndl**. Der **Abstieg** führt südwärts über die **Lachfeldschneid** zu einem Schneezaun, dann rechts zur Anstiegsroute zurück und über diese nach **Schönblick** hinab.

50 Mayrbergklamm – Schoberweißbachklause – Triftsteig

Jahrhundertealte Triftsteige an wilden Bergwassern

Au – Mayrbergklamm – (Obermayrberg – Schoberweißbachklause –) Auer Wiesen – Knappenstadl – Scheffsnoth – Teufelssteg – Triftsteig – Au

Talort/Ausgangspunkt: Au bei Lofer, 617 m. Auf der Strecke von Lofer nach Unken zweigt man nach ca. 2 km (Bushaltestelle) rechts nach Au ab. Sehr begrenzte Parkmöglichkeiten im Dorf Au, am besten vor der Auer Brücke parken.
Gehzeiten: Au – Mayrbergklamm – Obermayrberg 1½ Std., Obermayrberg – Schoberweißbachklause – Auer Wiesen – Knappenstadl – Scheffsnoth – Teufelssteg bei Lofer 2½ Std., Teufelssteg – Triftsteig – Au 1 Std.; Gesamtgehzeit ca. 5 Std., ohne Mayrberg und Schoberweißbachklause ca. 4 Std.
Höchster Punkt: Schoberweißbachklause, 973 m.
Höhenunterschied: Ca. 370 m.
Anforderungen: Schöne Wanderwege, Anstieg auf der kleinen Runde zu den Auer Wiesen häufig feucht, deshalb festes Schuhwerk empfehlenswert.
Einkehrmöglichkeiten: Gasthäuser in Au: Antonia (Di. Ruhetag), Ennsmann (Mo. Ruhetag), Gasthaus Obermayrberg (Mi. Ruhetag), Knappenstadl (Do. Ruhetag), Eberlwirt in Scheffsnoth (Mo. ab 14 Uhr geschlossen), alle bew. Mai bis Mitte Okt.
Sehenswertes: Auer Kircherl, Mayrbergklamm, Tal und Bergumrahmung um die Schoberweißbachklause, Tiefblick vom »Jägersitz«, Talkessel von Lofer mit Steinbergen, Teufelssteg, Triftsteig und »Felix Rast«, interessante Informationstafeln am Triftsteig, Wildwasserrennen und Rafting (Stützpunkt in Scheffsnoth) auf der Saalach durch die Teufelsschlucht.

Auer Kircherl und Loferer Steinberge – eine wahre Theaterkulisse

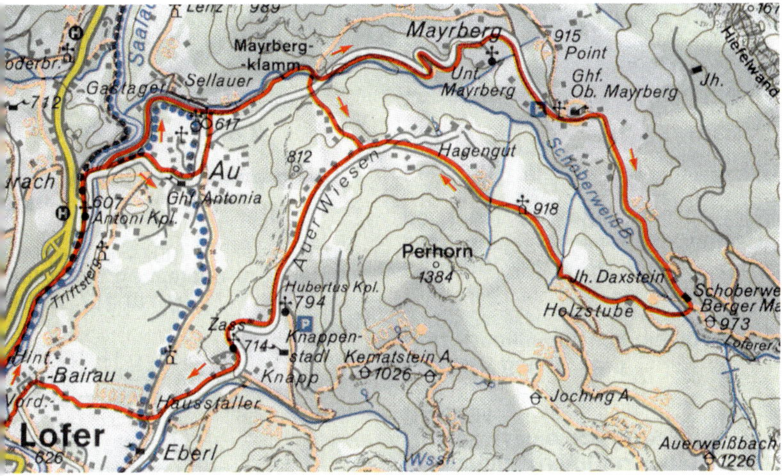

Der Holztransport zur Saline Bad Reichenhall erfolgte in früheren Jahrhunderten auf der Saalach und ihren Zuflüssen. Zur Erleichterung der Arbeit wurden Klausen (Staustufen) und an den Ufern Triftsteige angelegt. Diese verfielen zwar im 20. Jahrhundert, doch die schönsten Talabschnitte wurden in letzter Zeit wieder begehbar gemacht. Einen solchen ehemaligen Triftsteig stellt der Wandervorschlag »Mayrbergklamm – Schoberweißbachklause – Triftsteig« in einem landschaftlich und geschichtlich höchst interessanten Gelände vor und bietet eine große und eine kleine Runde an.

Die große Runde: Von der **Auer Brücke** nach Au hinauf und hinter dem Kircherl zum Schoberweißbach hinab oder gleich am rechten Saalachufer flußabwärts zur Einmündung des Schoberweißbaches. An diesem entlang zur **Mayrbergklamm** hinauf und dahinter zu einer Brücke und einem Tunnel. Auf der Straße oder – schöner! – am neuen Wanderweg links derselben über Waltl – Schön – Point zum Gasthaus **Obermayrberg**. Auf einem Sandsträßchen weiter zur **Schoberweißbachklause**, dort über eine Brücke und auf der anderen Talseite zu den Auer Wiesen (kurzer Abstecher rechts zum »Jägersitz« mit schönem Blick ins Tal!). Auf der Straße über Knappenstadl nach Scheffsnoth hinab, bei den ersten Häusern rechts zum **Teufelssteg** und am jenseitigen (!) Saalachufer auf dem romantischen **Triftsteig** flußabwärts durch die Teufelsschlucht zur **Auer Brücke** zurück.

Die kleine Runde schert hinter der Mayrbergklamm aus, führt über die Brücke zurück und rechts (!) vom Tunnel durch Wald zu den Auer Wiesen und zur Straße hinauf, wo sie noch vor dem »Jägersitz« in die Hauptroute einfädelt.

Mehrtägige Rundtouren und Durchquerungen

Als Zusammenschau, Erweiterung und als Höhepunkt des vorgestellten Tourenangebots sollen hier im Wandergebiet rund um den Hochkönig noch vier mehrtägige Rundtouren und Durchquerungen vorgestellt werden. Sie ergeben sich aus einer Aneinanderreihung von bereits angebotenen Wandervorschlägen, aber auch aus zusätzlichen Ergänzungen. Der Schwierigkeitsgrad dieser »Highlights« umfaßt die ganze Bandbreite von blau bis schwarz, wobei jedoch die schwierigen Routen ein deutliches Übergewicht haben; sie lassen sich mit *softway-blau*, *standard-rot, expert-schwarz* und *exclusive-schwarz* charakterisieren und steigern sich in der genannten Reihenfolge in ihrer Schwierigkeit.

In drei Tagen von Bischofshofen nach Maria Alm – *softway-blau*
Die Wanderroute von Bischofshofen nach Maria Alm weist keine technischen Schwierigkeiten auf (blau), sie führt auf der Sonnenseite am Hochkönigstock entlang, für den Rückweg zum Ausgangspunkt bietet sich während der ganzen Wandersaison der Hochkönig-Wanderbus an. Der ausdauernde Wanderer kann die beiden ersten Tagesetappen sogar zusammenfassen und kommt dann mit zwei Tagen aus.
1. Tagesetappe: Bischofshofen – Arthurhaus:
Vom Ortszentrum Bischofshofen über Wasserfall – Bürglhöh – Knappensteig zum Arthurhaus (Anstiegshöhe 950 m, ca. 3 Std., siehe Tour 17!).
2. Tagesetappe: Arthurhaus – Erichhütte:
Vom Arthurhaus an der Südseite der Mandlwände und des Hochkönigs entlang zur Erichhütte (Anstiegshöhe ca. 200 m, 3 Std., siehe Tour 19!).
3. Tagesetappe: Erichhütte – Hinterthal – Jufen – Maria Alm:
Die dritte Etappe von der Erichhütte nach Maria Alm ist die längste, man kann jedoch bereits in Hinterthal »aussteigen«. Die Route führt von der Erichhütte zur Pichlalm und über die Mußbachalm nach Hinterthal hinab (ca. 150 m im Anstieg, gut 2½ Std.). Von dort zur Hauptstraße hinaus, links (!) des Urslaubaches 1,3 km talwärts zu einer Brücke, jenseits des Baches 100 m nach rechts, dann wieder links über Pichlhof zum Jufensattel und über Laimgrubalm und Waldhaus nach Maria Alm (150 m Anstieg, gut 2 Std. von Hinterthal, ca. 5 Std. von der Erichhütte). Auf der Etappe bestehen viele Einkehrmöglichkeiten: Pichlalm, Mußbachalm, Hinterthal, Jufen, Laimgrubalm, Waldhaus, Maria Alm. Siehe Touren 20 und 29!

Drei Tage durch das Steinerne Meer – *standard-rot*
Die auf drei Tage angesetzte Durchquerung des Steinernen Meeres ist eine von Maria Alm ausgehende und dort auch wieder endende Rundtour. Sie deckt sich mit den Tourenvorschlägen 32, 33 und 34, wo sie ausführlich beschrieben ist.

Abstieg vom Breithorn im Spätherbst, im Hintergrund die Schönfeldspitze

Zweitägige Rundtour im Tennengebirge – *expert-schwarz*
Wer das Tennengebirge noch nicht näher kennt, schwindelfrei, trittsicher und ausdauernd ist und auf seinen Bergtouren gerne Felskontakt hat, wird an dieser zweitägigen Rundtour hoch über dem Salzachtal bei Werfen seine helle Freude haben. Es ist allerdings ausreichende Sicht bei stabiler Wetterlage erforderlich! Am Hochkogelsteig keine Steine abtreten und speziell am zweiten Tag genügend Flüssigkeit mitnehmen! Ausgangs- und Endpunkt der Tour ist der Parkplatz Eisriesenwelt unter der Wimmerhütte.
1. Tagesetappe: Werfen – Eisriesenwelt – Leopold-Happisch-Haus:
Wie bei Tour 7 zur Eisriesenwelt. Beim Leopoldbründl vor dem Höhlenportal rechts über den seilgesicherten, steinschlaggefährdeten Hochkogelsteig (Nr. 212, nur für Geübte!) zum Hochkogeltief (kleine Unterstandshütte). Auf eine felsige Scharte mit Weggabelung, dahinter zum Happisch-Haus hinab (1914 m, TVN, bew. Mitte Juni bis Mitte Sept., 120 L. + B., Tel. 0663/863579, knapp 3 Std. von der Eisriesenwelt, 4½ Std. vom Parkplatz).
Eine Besteigung des Hochkogels und/oder des schwierigeren Tiroler Kopfes ist möglich, bei gutem Orientierungssinn bietet sich auch ein wegloser Übergang von Gipfel zu Gipfel an (zusätzlich ca. 2 Std. für beide Gipfel). Vom Tiroler Kopf dann ein Stück zurück, auf Steigspuren zum Weg Nr. 212 und zum Happisch-Haus.

Höhle beim Happisch-Haus

2. Tagesetappe: Leopold-Happisch-Haus – (Edelweißerhütte –) Mahdegg – Parkplatz:
Die kürzere und einfachere Route führt auf Weg 213 über die Streitmandlscharte zur Edelweißerhütte am Mittleren Streitmandl (meist unbewirtschaftet, an Wochenenden der Hauptsaison häufig beaufsichtigt!), die längere Route führt zur Scharte vom Vortag zurück, dann links auf Weg 229 über viele Gipfel hinweg (z.B. über das Raucheck, den höchsten Punkt des Tennengebirges, bei guter Sicht phantastischer Ausblick!) zu einer Weggabelung in der Nähe der Edelweißerhütte; hier rechts durch die Grießscharte (Weg 227, leichte Kletterei) in ein großes Kar und zum Gasthaus Mahdegg hinab, dort wieder rechts zum Parkplatz zurück (kurze Route: 5 Std., lange Route: 7 bis 8 Std.).

Auf schwierigen Routen durchs Steinerne Meer – *exclusive-schwarz*
Sozusagen als krönender Abschluß sei noch eine fünftägige Rundtour durchs Steinerne Meer vorgestellt, die an der obersten Grenze der in einem Wanderführer vertretbaren Schwierigkeiten liegt. Zwischen den einzelnen Tageszielen wird nicht nur der kürzeste, sondern auch der interessanteste Weg gewählt. Die Rundtour setzt zwingend ausreichende alpine Erfahrung im Fels, nämlich Trittsicherheit und Schwindelfreiheit, sowie gute Kondition und eine stabile Schönwetterlage voraus. Die schwierigsten und bergstei-

Über den Grat zum Tiroler Kopf

gerisch lohnendsten Passagen, nämlich die zweite Tagesetappe, ferner die Überschreitung der Schönfeldspitze und der Abstieg über den Dießbachsteig lassen sich auch auf Routen im »roten« Schwierigkeitsbereich umgehen. Sie sind dann allerdings weitgehend mit der dreitägigen Rundtour *»standard-rot«* identisch, wählen aber die Gegenrichtung. Der durchtrainierte Bergsteiger schafft die gesamte Runde auch in drei Tagen und nächtigt dann nur am Riemannhaus und am Kärlingerhaus. Die Hütten sind von Mitte Juni bis Anfang Oktober bewirtschaftet, wegen starker Frequentierung sollte man sie nach Möglichkeit nicht an Wochenenden aufsuchen bzw. sich voranmelden.

1. Tagesetappe: Einsiedelei – Steinalm – Peter-Wiechenthaler-Hütte:

Vom nördlichen Ortsende Saalfelden gut 1 km dem Wegweiser »Schwimmbad/Einsiedelei« zum Parkplatz am Eingang in den Kaltenbachgraben folgen. Die Route: Parkplatz – Einsiedelei – Fuchssteig zur Steinalm (Einkehrmöglichkeit) – Peter-Wiechenthaler-Hütte, (900 m, 3½ Std.).

2. Tagesetappe: Peter Wiechenthaler-Hütte – Riemannhaus:

Die Route: Peter-Wiechenthaler-Hütte – Südwandklettersteig zum Persailhorn – leichte Kletterei übers Mitterhorn – luftiger Schartenabstieg – Breithorn-Überschreitung – Riemannhaus (800 m, ca. 5½ Std.)

Die weitaus leichtere Route führt über Weißbachlscharte – Praterstern – Eichstätter Weg zum Riemannhaus (ca. 3½ Std.).

Am Rand des Steinernen Meeres: Blick auf die Steinberge und den Wilden Kaiser

Karrenfelder – typisch für das Steinerne Meer

3. Tagesetappe: Riemannhaus – Schönfeldspitze – Kärlingerhaus
Die Route: Riemannhaus – Schönfeldspitze (sehr luftig!) – Buchauer Scharte – Durchquerung des Steinernen Meeres – Kärlingerhaus am Funtensee (600 m incl. Gegenanstiege, 5½–6 Std.). Der direkte Weg vom Riemannhaus zum Kärlingerhaus beträgt 3 Std. Weitere Gipfelziele ums Kärlingerhaus unter Einschaltung eines weiteren Tages: Viehkogel und Feldkogel.
4. Tagesetappe: Kärlingerhaus – Ingolstädter Haus
Die Route: Durchquerung des Steinernen Meeres vom Funtensee (Kärlinger Haus) zur Dießbachscharte (Ingolstädter Haus) – Abstecher vom Ingolstädter Haus auf den Gr. Hundstod (600 m, mit Gr. Hundstod 1100 m; 3½ Std., mit Gr. Hundstod 6 Std.).
5. Tagesetappe: Ingolstädter Haus – Seehorn – Kallbrunnalm – Dießbach
Die Route: Ingolstädter Haus – Hochwies – Seehorn – Kallbrunnalm (Einkehrmöglichkeit) – Dießbach-Klettersteig – Dießbach (650 m, 6½–7 Std.; ohne Seehorn nur 100 m und ca. 3½ Std.). Die Rückfahrt von Dießbach nach Saalfelden-Pabing erfolgt mit BB-Linie 3062.
Die leichte Variante wählt als Abstieg: Eichstätter Weg – Praterstern – Weißbachlscharte – Wiechenthaler–Hütte – Parkplatz (5½ bis 6 Std.). Ihr Vorteil ist, daß man die Tour am Ausgangspunkt wieder beendet und daß keine Busfahrt anfällt.

Der Tauern-Radweg

Blick über den Zeller See und das Salzachtal hinweg zu den Hohen Tauern – durch diese großartige Landschaft verläuft der Tauern-Radweg

Flußtäler sind für Radwege geradezu prädestiniert und locken jährlich Tausende von Besuchern an, wie es z.B am bekannten Donauradweg von Passau nach Wien zu beobachten ist. Auch das Wandergebiet »Rund um den Hochkönig«, das von Salzach und Saalach umschlossen wird, hat entlang der beiden Gebirgsflüsse mit dem Tauern-Radweg eine hochgepriesene Radroute zu bieten. Diese verläuft überwiegend abseits vielbefahrener Straßen und wird, soweit dies noch nicht geschehen ist, sukzessive ausgebaut. Der Radweg ist bestens beschildert und durchquert vier der fünf Salzburger Gaue, den Pinzgau, Pongau, Tennengau und Flachgau.
Der Routenverlauf führt von den berühmten Krimmler Wasserfällen auf einer Strecke von 175 km und einem Gefälle von insgesamt 650 m entlang der Salzach zur Landeshauptstadt Salzburg hinab. Als Etappenziele werden vorgeschlagen: Bramberg (21 km), Uttendorf (22 km), Taxenbach (40 km), Schwarzach (21 km), Werfen (25 km), Kuchl (23 km), Salzburg (23 km) und Oberndorf bei Laufen (18 km). Diese acht Etappen lassen sich ohne Probleme verlängern oder verkürzen. Eine ebenfalls mit »Tauern-Radweg« beschilderte Variante erreicht Salzburg über Zell am See und das Saalachtal sowie das deutsche Eck bei Bad Reichenhall. Wer über eine sehr gute Kondition verfügt, kann sich mit dem Rad an eine weitere Variante, den Abstecher zur Großglockner-Hochalpenstraße, wagen, die auf der Edelweißspitze (2571 m) ihren Kulminationspunkt erreicht. Wegen des starken Autoverkehrs sollte man sie aber vor 8 Uhr und nach 15 Uhr befahren. Von

Salzburg kann man weitere 150 km zuerst an der Salzach, dann am Inn entlang bis nach Passau hinabradeln und findet dort Anschluß an den eingangs erwähnten Donauradweg nach Wien. Schließlich ist noch eine dritte Variante zu empfehlen, die sich den Titel des Wanderführers zum Ziel setzt, der Salzach und Saalach entlang sowie über den Dientner Sattel den Hochkönig und die Berchtesgadener Alpen mit dem Watzmann umrundet.
Entlang des Tauern-Radweges stehen dem Touristen genügend Gasthöfe, Hotels und Pensionen offen, so daß man sich die Etappenziele beliebig festsetzen kann. Für die Anreise von Salzburg nach Krimml ist die Österreichische Bundesbahn gut gerüstet und bietet auf den Teilstrecken Salzburg – Zell am See sowie auf der Pinzgauer Schmalspurbahn Zell am See – Krimml einen preisgünstigen Radtransport an. Sogar von einem Radverleih kann man Gebrauch machen. Vorbestellung ist in jedem Fall zu empfehlen. Einen groben Überblick über den Tauern-Radweg vermittelt die Karte auf der Rückseite des Buches. Landschaftliche und kulturelle Sehenswürdigkeiten entlang der Route sind in diesem Wanderführer unter den Überschriften »Talorte« und »Ausflugsziele« stichpunktartig aufgelistet. Da der Tauern-Radweg hier nicht umfassend dargestellt werden kann, sei besonders auf die rund 70seitige Broschüre »Tauernradweg der Salzach und Saalach entlang« verwiesen, in der dieser in hervorragender Weise vorgestellt wird; sie ist bei der *»Salzburger Land Tourismus Gesellschaft«, Postfach 8, A – 5033 Salzburg* zu beziehen.

Das Salzachtal bei Bischofshofen

Stichwortverzeichnis

Die Zahlen hinter den einzelnen Stichwörtern geben die Tourennummer(n) an. R = Rundtouren (Seite 134–139), T = Tauernradweg (Seite 140/141)